Título: "Desvendando o JavaScᶜ

introdução

I0012225

Bem-vindo ao e-book "Desvendando o JavaScript: Do Zero à Maestria". Neste guia prático e abrangente, você aprenderá os conceitos fundamentais e avançados da linguagem de programação JavaScript. Começaremos do básico e, à medida que avançamos, exploraremos recursos poderosos para que você se torne um mestre em JavaScript. Preparado para embarcar nesta jornada emocionante? Vamos começar!

Capítulo 1: Introdução ao JavaScript

O que é JavaScript?

História e evolução da linguagem

Onde o JavaScript é utilizado?

Capítulo 2: Primeiros Passos

Configurando o ambiente de desenvolvimento

Sintaxe básica do JavaScript

Variáveis e tipos de dados

Operadores matemáticos e lógicos

Capítulo 3: Estruturas de Controle

Condicionais (if, else, switch)

Loops (for, while, do-while)

Controle de fluxo (break, continue)

Capítulo 4: Funções em JavaScript

Criando funções

Parâmetros e argumentos

Escopo de variáveis

Recursão

Capítulo 5: Trabalhando com Arrays e Objetos

Arrays: criação, acesso e manipulação

Objetos: propriedades e métodos

Destructuring e Spread Operator

Capítulo 6: Programação Orientada a Objetos em JavaScript

Introdução à POO

Classes e objetos

Herança e polimorfismo

Encapsulamento e abstração

Capítulo 7: Manipulando o DOM (Document Object Model)

Interação com elementos HTML

Manipulação de estilos e classes

Eventos e manipuladores

Capítulo 8: Requisições Assíncronas com AJAX

Introdução ao AJAX

XMLHttpRequest e Fetch API

Trabalhando com APIs externas

Capítulo 9: Gerenciamento de Erros e Debugging

Tipos de erros em JavaScript

Tratamento de exceções (try-catch)

Utilizando ferramentas de debug

Capítulo 10: Recursos Avançados

Promises e async/await

Manipulação de cookies e armazenamento local

WebSockets: comunicação em tempo real

Capítulo 11: Frameworks e Bibliotecas

Visão geral dos principais frameworks (React, Angular, Vue)

Utilizando bibliotecas úteis

inicio

JavaScript é uma poderosa linguagem de programação de alto nível que foi criada para tornar páginas web mais dinâmicas e interativas. É uma linguagem de script versátil, amplamente utilizada no desenvolvimento front-end e, cada vez mais, no back-end, permitindo a criação de aplicativos web complexos e sofisticados.

Com o JavaScript, é possível adicionar funcionalidades interativas às páginas HTML, controlando o comportamento do DOM (Document Object Model) e respondendo a eventos do usuário, como cliques de botões, envio de formulários, entre outros. Ele também pode ser usado para criar animações, validar entradas de dados e melhorar a experiência do usuário ao interagir com o site.

Além disso, JavaScript é uma linguagem interpretada, o que significa que o código é executado diretamente no navegador do usuário, sem a necessidade de compilação prévia. Isso facilita a sua adoção e torna o desenvolvimento mais ágil e rápido.

Outro aspecto importante do JavaScript é a sua ampla comunidade e ecossistema de bibliotecas e frameworks, como React, Angular, Vue.js, entre outros. Essas ferramentas auxiliam os desenvolvedores a construir aplicações web mais complexas e eficientes, acelerando o desenvolvimento e proporcionando uma experiência mais agradável ao usuário final.

Em suma, JavaScript é uma linguagem versátil, poderosa e indispensável para o desenvolvimento web moderno, possibilitando a criação de aplicações interativas, dinâmicas e responsivas, tornando a internet um lugar mais funcional e agradável para os usuários.

Como tudo começou

A história do JavaScript remonta ao início da década de 1990, quando a web estava começando a se popularizar. Naquela época, a maioria das páginas web era estática, composta principalmente de texto e imagens. Marc Andreessen criou o primeiro navegador gráfico chamado "Mosaic" (mais tarde, tornou-se o Netscape Navigator), que permitia exibir imagens em uma página web. Porém, havia uma necessidade crescente de tornar as páginas mais interativas e dinâmicas.

Em 1995, na Netscape Communications Corporation, um engenheiro chamado Brendan Eich foi encarregado de desenvolver uma linguagem de script para o Netscape Navigator. A ideia era criar uma linguagem fácil de usar, que pudesse ser incorporada nas páginas HTML e permitisse a interatividade com os usuários. Eich desenvolveu o que inicialmente foi chamado de "Mocha", que mais tarde foi renomeado para "LiveScript", e finalmente para "JavaScript".

Em dezembro de 1995, a Netscape lançou o Netscape Navigator 2.0, que incluía o JavaScript. O JavaScript foi projetado originalmente para ser uma linguagem de script leve, com foco em interatividade do usuário e manipulação do DOM (Document Object Model) em páginas web.

Em 1996, a Microsoft percebeu o potencial da linguagem JavaScript e desenvolveu sua própria versão, chamada de "JScript", para ser usada no Internet Explorer. Isso criou uma situação em que os navegadores suportavam uma linguagem chamada de maneira diferente: JavaScript na Netscape e JScript na Microsoft.

Para resolver essa incompatibilidade, a Netscape submeteu o JavaScript à Ecma International, uma organização que padroniza tecnologias da informação. O resultado foi a padronização da linguagem como ECMAScript em 1997, com a publicação da especificação ECMAScript 1.

A partir daí, várias versões do ECMAScript foram lançadas, com melhorias e novos recursos adicionados à linguagem ao longo do tempo. Algumas das versões mais significativas incluem ECMAScript 3 (1999), ECMAScript 5 (2009) e ECMAScript 6 (também conhecido como ES6, lançado em 2015). A partir do ES6, as atualizações do ECMAScript passaram a ser lançadas anualmente, o que acelerou a evolução da linguagem.

O JavaScript continuou a crescer em popularidade à medida que mais desenvolvedores começaram a usá-lo tanto no front-end quanto no back-end, impulsionado pelo surgimento de tecnologias como o Node.js, que permite a execução de JavaScript no servidor.

Hoje, o JavaScript é uma das linguagens de programação mais populares e amplamente utilizadas em todo o mundo, desempenhando um papel fundamental no desenvolvimento web moderno e em muitos outros domínios de aplicativos, como aplicativos móveis, Internet das Coisas (IoT) e desenvolvimento de jogos. Sua comunidade ativa e o contínuo aprimoramento das especificações do ECMAScript garantem que a linguagem continue a evoluir e permaneça relevante no futuro.

JavaScript é uma das linguagens de programação mais versáteis e amplamente utilizadas no desenvolvimento de aplicações web e além. Vamos explorar algumas das principais áreas onde o JavaScript é utilizado:

Desenvolvimento Front-End:

JavaScript é a principal linguagem usada para desenvolver a parte interativa e dinâmica das páginas web. Ele permite que os desenvolvedores manipulem o DOM (Document Object Model) para criar efeitos, animações, atualizações de conteúdo sem recarregar a página, validação de formulários e interatividade com o usuário.

Desenvolvimento Back-End:

Com a chegada do Node.js, o JavaScript também se tornou uma linguagem popular para desenvolvimento back-end. O Node.js permite que os desenvolvedores usem JavaScript no lado do servidor, tornando possível criar aplicativos web completos usando apenas uma linguagem.

Single Page Applications (SPA):

JavaScript é fundamental para o desenvolvimento de SPAs, que são aplicações web que carregam uma única página HTML e, em seguida, atualizam dinamicamente o conteúdo conforme o usuário interage com o aplicativo. Frameworks como React, Angular e Vue.js são amplamente utilizados para construir SPAs com JavaScript.

Aplicativos Mobile e Híbridos:

Frameworks como React Native e Ionic permitem que os desenvolvedores utilizem JavaScript para criar aplicativos móveis para iOS e Android. Com isso, é possível desenvolver aplicativos nativos usando as mesmas habilidades de JavaScript usadas no desenvolvimento web.

Jogos:

JavaScript também é usado para desenvolver jogos em navegadores e em outras plataformas. Bibliotecas como Phaser e Three.js facilitam o desenvolvimento de jogos 2D e 3D utilizando JavaScript e WebGL.

Internet das Coisas (IoT):

No campo da Internet das Coisas, o JavaScript é usado em dispositivos conectados para controlar a interatividade e a lógica do aplicativo, tornando a IoT mais acessível aos desenvolvedores web.

Extensões de Navegadores:

JavaScript é utilizado no desenvolvimento de extensões para navegadores, permitindo que os desenvolvedores estendam a funcionalidade dos navegadores e personalizem a experiência do usuário.

Chatbots e Automatização:

JavaScript é usado para desenvolver chatbots e automatizar tarefas em páginas web, melhorando a experiência do usuário e aumentando a eficiência das operações.

Plataformas de Streaming e Mídia:

JavaScript é frequentemente empregado em plataformas de streaming de áudio e vídeo para a interatividade do usuário e o controle da reprodução de mídia.

Aplicações de Backend como Serviço (BaaS):

O JavaScript também é usado em serviços de backend, como Firebase, que fornecem infraestrutura para armazenamento de dados, autenticação e outros recursos sem a necessidade de configurar um servidor.

Em resumo, JavaScript é uma linguagem de programação poderosa e amplamente utilizada que está presente em várias áreas do desenvolvimento web e além, permitindo a criação de experiências interativas e dinâmicas para os usuários. Sua versatilidade e presença em diferentes plataformas tornam-no uma escolha popular entre os desenvolvedores em todo o mundo.

Claro! Configurar o ambiente de desenvolvimento para JavaScript pode ser bastante simples. Abaixo, vou fornecer um guia básico para configurar o ambiente em seu computador:

Passo 1: Instale um Navegador Web:

JavaScript é executado em navegadores web, portanto, a primeira coisa que você precisa fazer é instalar um navegador moderno e atualizado. Alguns navegadores populares incluem Google Chrome, Mozilla Firefox, Microsoft Edge e Safari.

Passo 2: Instale um Editor de Código:

Para escrever e editar seus códigos JavaScript, você pode usar um editor de código. Existem várias opções disponíveis, e algumas das opções populares são Visual Studio Code, Sublime Text, Atom e Brackets. Escolha o que melhor se adapta às suas necessidades e preferências.

Passo 3: Instale o Node.js (para Desenvolvimento Back-End):

Se você pretende desenvolver aplicativos back-end com JavaScript usando o Node.js, será necessário instalá-lo em seu computador. O Node.js é um ambiente de tempo de execução que permite que o JavaScript seja executado no servidor. Para instalar o

Node.js, visite o site oficial (https://nodejs.org/) e baixe a versão adequada ao seu sistema operacional.

Passo 4: Crie um arquivo HTML:

Para executar seus códigos JavaScript, você precisará criar um arquivo HTML para incluir o script. Crie um arquivo com extensão ".html" e, dentro dele, insira o seguinte código básico:

html

```html
<!DOCTYPE html>
<html>
<head>
    <title>Meu Primeiro Projeto JavaScript</title>
</head>
<body>
    <h1>Olá, mundo!</h1>

    <!-- Seus códigos JavaScript serão incluídos aqui -->
    <script src="seu_arquivo_js.js"></script>
</body>
</html>
```

Passo 5: Crie um arquivo JavaScript:

Agora, você precisará criar um arquivo JavaScript separado (com extensão ".js") onde escreverá seus códigos. Nomeie o arquivo como "seu_arquivo_js.js" (ou qualquer outro nome que desejar) e insira seu código JavaScript neste arquivo.

Exemplo simples para testar:

Dentro do arquivo "seu_arquivo_js.js", adicione o seguinte código:

```javascript
// Exemplo de código JavaScript
console.log("Olá, mundo! Este é um teste de JavaScript.");
```

Passo 6: Abra o arquivo HTML no Navegador:

Agora, basta abrir o arquivo HTML que você criou no passo 4 em seu navegador. Você pode fazer isso clicando com o botão direito no arquivo e selecionando "Abrir com" e, em seguida, escolhendo o navegador que você instalou no Passo 1.

Passo 7: Verifique o Console do Navegador:

Ao abrir o arquivo HTML, o JavaScript será executado e o resultado do console ("Olá, mundo! Este é um teste de JavaScript.") será exibido no console do navegador. Para abrir o console, você pode pressionar F12 ou Ctrl + Shift + J no Google Chrome, Ctrl + Shift + K no Mozilla Firefox, ou procure o console na ferramenta de desenvolvimento do navegador.

Pronto! Agora você configurou com sucesso o ambiente de desenvolvimento JavaScript em seu computador. Você pode começar a escrever e testar seus códigos JavaScript no arquivo que você criou. Lembre-se de que este é apenas o começo, e à medida que você avança, poderá explorar recursos avançados, frameworks e bibliotecas para desenvolver aplicativos web mais complexos e interativos.

A sintaxe básica do JavaScript é relativamente simples, e é essencial para criar os fundamentos de qualquer código em JavaScript. Abaixo estão os elementos fundamentais da sintaxe do JavaScript:

Comentários:

Os comentários são trechos de texto que servem para explicar o código e não são executados pelo interpretador. Existem dois tipos de comentários em JavaScript:

// Comentário em linha

/*

Comentário em bloco

*/

Variáveis:

Em JavaScript, você pode declarar variáveis usando as palavras-chave var, let ou const. var é a forma mais antiga de declaração de variáveis, enquanto let e const foram introduzidas no ES6 (ECMAScript 2015). let é usada para variáveis mutáveis, enquanto const é usada para constantes, cujo valor não pode ser alterado após a atribuição.

var idade = 30;

let nome = "João";

const PI = 3.14;

Tipos de Dados:

JavaScript é uma linguagem de tipagem dinâmica, o que significa que as variáveis podem ter tipos de dados diferentes em momentos diferentes. Os tipos de dados em JavaScript incluem:

Números (inteiros e decimais)

Strings (texto)

Booleanos (true e false)

Arrays (listas)

Objetos (coleções de propriedades)

Null (representa a ausência de valor)

Undefined (valor não atribuído)

```javascript
let numero = 42; // número inteiro

let nome = "Maria"; // string

let estaChovendo = true; // booleano

let lista = [1, 2, 3]; // array

let pessoa = { nome: "Ana", idade: 25 }; // objeto

let valorNulo = null;

let valorNaoDefinido = undefined;
```

Operadores Matemáticos:

JavaScript suporta operadores matemáticos padrão, como adição, subtração, multiplicação, divisão e módulo:

```javascript
let a = 10;

let b = 5;

let soma = a + b; // 15

let subtracao = a - b; // 5

let multiplicacao = a * b; // 50

let divisao = a / b; // 2

let modulo = a % b; // 0
```

Operadores de Comparação e Lógicos:

JavaScript também suporta operadores de comparação (>, <, >=, <=, ===, !==) e operadores lógicos (&&, ||, !) para expressões condicionais e tomada de decisões.

Estruturas de Controle:

Para controlar o fluxo de execução, você pode usar estruturas de controle como if, else, else if, switch, for, while, do while, entre outros.

```javascript
let idade = 18;

if (idade >= 18) {
    console.log("Maior de idade");
} else {
    console.log("Menor de idade");
}


let diaSemana = "sábado";

switch (diaSemana) {
    case "sábado":
        console.log("Dia de descanso");
        break;
    case "domingo":
        console.log("Dia de descanso também");
        break;
    default:
        console.log("Dia útil");
}


for (let i = 0; i < 5; i++) {
    console.log(i);
}


let contador = 0;
while (contador < 5) {
```

```
    console.log(contador);

    contador++;

}
```

Esses são os conceitos básicos da sintaxe do JavaScript. A partir desses fundamentos, você pode construir algoritmos e aplicativos mais complexos e começar a explorar conceitos avançados e frameworks JavaScript para desenvolver aplicações web interativas e dinâmicas.

Variáveis:

Em JavaScript, uma variável é uma área de memória onde você pode armazenar e manipular dados. As variáveis são como caixas nomeadas que contêm informações. Você pode atribuir valores a uma variável usando o operador de atribuição "=" e, posteriormente, referenciar o valor pelo nome da variável.

Exemplo de declaração de variável:

let nome = "Maria";

let idade = 30;

Existem três palavras-chave principais para declarar variáveis em JavaScript:

var: A forma mais antiga de declarar variáveis em JavaScript. No entanto, ela possui alguns comportamentos peculiares e é menos usada hoje em dia.

let: Introduzido no ECMAScript 6 (ES6), é a forma mais comum e recomendada de declarar variáveis. Variáveis declaradas com let têm escopo de bloco.

const: Também introduzido no ES6, é usado para declarar constantes. O valor atribuído a uma constante não pode ser alterado posteriormente.

Tipos de Dados:

JavaScript é uma linguagem de tipagem dinâmica, o que significa que você não precisa declarar explicitamente o tipo de dado que uma variável irá conter. O tipo de dado será inferido a partir do valor que você atribui à variável.

Alguns dos principais tipos de dados em JavaScript incluem:

Números: Representam valores numéricos, incluindo números inteiros e de ponto flutuante.

let idade = 25; // Número inteiro

let altura = 1.75; // Número de ponto flutuante

Strings: Representam sequências de caracteres (texto) e são declaradas entre aspas simples ou duplas.

let nome = "João"; // String entre aspas duplas

let sobrenome = 'Silva'; // String entre aspas simples

Booleanos: Representam valores lógicos verdadeiro (true) ou falso (false).

let estaChovendo = true; // Verdadeiro

let estaEnsolarado = false; // Falso

Arrays: São estruturas de dados que armazenam uma coleção ordenada de elementos, podendo conter diferentes tipos de dados.

let numeros = [1, 2, 3, 4, 5]; // Array de números

let frutas = ['maçã', 'banana', 'laranja']; // Array de strings

Objetos: São coleções de pares chave-valor que permitem organizar dados relacionados.

let pessoa = {

  nome: "Alice",

  idade: 30,

  profissao: "Engenheira"

};

Null e Undefined: Representam valores nulos ou não atribuídos, respectivamente.

let valorNulo = null; // Valor nulo

let valorNaoDefinido; // Valor não definido (undefined)

Esses são alguns dos principais conceitos relacionados a Variáveis e Tipos de Dados em JavaScript. À medida que você avança na programação com JavaScript, encontrará outros tipos de dados, bem como conceitos mais avançados de manipulação de variáveis e estruturas de dados.

Operadores Matemáticos:

Os operadores matemáticos em JavaScript são usados para realizar operações aritméticas em valores numéricos. Abaixo estão os operadores matemáticos básicos:

Adição (+): Soma dois valores.

let a = 5;

let b = 10;

let soma = a + b; // Resultado: 15

Subtração (-): Subtrai um valor de outro.

let x = 15;

let y = 7;

let diferenca = x - y; // Resultado: 8

Multiplicação (*): Multiplica dois valores.

let c = 3;

let d = 4;

let produto = c * d; // Resultado: 12

Divisão (/): Divide o primeiro valor pelo segundo.

let e = 20;

let f = 5;

let quociente = e / f; // Resultado: 4

Módulo (%): Retorna o resto da divisão do primeiro valor pelo segundo.

let g = 11;

let h = 4;

let resto = g % h; // Resultado: 3

Operadores Lógicos:

Os operadores lógicos em JavaScript são usados para realizar operações de lógica booleana. Eles retornam valores booleanos (true ou false) com base nas condições que estão sendo avaliadas. Os operadores lógicos são frequentemente usados em estruturas de controle, como if, else, while, etc.

E lógico (&&): Retorna true se ambas as condições forem verdadeiras.

```javascript
let idade = 25;
let temCNH = true;

if (idade >= 18 && temCNH) {
  console.log("Pode dirigir.");
} else {
  console.log("Não pode dirigir.");
}
```
OU lógico (||): Retorna true se pelo menos uma das condições for verdadeira.
```javascript
let passouExame = true;
let passouEntrevista = false;

if (passouExame || passouEntrevista) {
  console.log("Aceito no emprego.");
} else {
  console.log("Não foi aceito.");
}
```
NÃO lógico (!): Inverte o valor booleano de uma expressão.
```javascript
let chovendo = false;

if (!chovendo) {
  console.log("Está fazendo sol.");
} else {
  console.log("Está chovendo.");
}
```
Esses são alguns dos operadores matemáticos e lógicos básicos em JavaScript. Eles são fundamentais para realizar cálculos e criar expressões condicionais que controlam o fluxo de execução em seus programas. Com esses operadores, você pode criar algoritmos mais complexos e tomar decisões com base em condições específicas.

As condicionais if, else e switch são estruturas de controle em JavaScript que permitem tomar decisões com base em condições específicas. Elas são fundamentais para criar lógica condicional em seus programas, permitindo que diferentes trechos de código sejam executados com base em certas condições. Vamos explorar cada uma delas:

Condicionais if e else:

A condicional if permite executar um bloco de código se uma determinada condição for verdadeira. Se a condição não for verdadeira, você pode usar a condicional else para executar outro bloco de código.

```
let idade = 18;

if (idade >= 18) {
  console.log("Você é maior de idade.");
} else {
  console.log("Você é menor de idade.");
}
```

Neste exemplo, o código verifica se a variável idade é maior ou igual a 18. Se for verdadeiro, ele imprime "Você é maior de idade." Caso contrário, ele imprime "Você é menor de idade."

Condicionais else if:

Você também pode usar a condicional else if para verificar várias condições em sequência.

```
let nota = 75;
if (nota >= 90) {
  console.log("A");
} else if (nota >= 80) {
  console.log("B");
} else if (nota >= 70) {
  console.log("C");
} else {
  console.log("D");
}
```

Neste exemplo, o código verifica diferentes intervalos de notas e imprime a respectiva letra associada à nota.

Condicional switch:

A condicional switch é útil quando você precisa executar diferentes trechos de código com base em um valor específico. Ela funciona como uma sequência de "casos" em que você testa o valor de uma expressão e executa o bloco de código correspondente ao caso que coincide.

```
let diaDaSemana = "quarta";
switch (diaDaSemana) {
  case "segunda":
    console.log("Hoje é segunda-feira.");
    break;
  case "terça":
    console.log("Hoje é terça-feira.");
    break;
  case "quarta":
    console.log("Hoje é quarta-feira.");
    break;
  default:
    console.log("Outro dia da semana.");
}
```

Neste exemplo, o código verifica o valor da variável diaDaSemana e imprime uma mensagem correspondente ao dia da semana.

As condicionais if, else, e switch são fundamentais para o controle de fluxo em JavaScript, permitindo que você tome decisões com base em diferentes condições. Combinando essas estruturas, você pode criar algoritmos mais complexos e responder de forma dinâmica a diferentes situações em seu código.

Os loops (laços de repetição) em JavaScript são estruturas que permitem executar um bloco de código várias vezes, facilitando o processamento de uma série de tarefas de forma eficiente. Vamos explorar os três principais tipos de loops em JavaScript: for, while e do-while.

Loop for:

O loop for é ideal para executar uma ação um número específico de vezes, uma vez que você pode controlar o número de iterações definindo uma condição inicial, uma condição de continuação e uma operação a ser executada após cada iteração.

```
for (let i = 0; i < 5; i++) {

  console.log(i);

}
```

Neste exemplo, o loop for começa com a variável i tendo o valor inicial de 0. A cada iteração, ele verifica se i é menor que 5. Se for verdadeiro, ele executa o bloco de código dentro do loop (que imprime o valor de i) e, em seguida, incrementa i em 1. O loop continuará até que a condição i < 5 seja falsa.

Loop while:

O loop while executa o bloco de código enquanto uma condição específica for verdadeira. Antes de entrar no loop, você precisa garantir que a condição seja verdadeira, ou o loop não será executado.

```
let contador = 0;

while (contador < 5) {

  console.log(contador);

  contador++;

}
```

Neste exemplo, o loop while executa o bloco de código dentro dele enquanto contador < 5. A cada iteração, ele imprime o valor de contador e, em seguida, incrementa contador em 1. O loop continuará até que a condição contador < 5 seja falsa.

Loop do-while:

O loop do-while é semelhante ao while, mas a diferença é que o bloco de código é executado pelo menos uma vez antes de verificar a condição. Após cada iteração, a condição é verificada e, se for verdadeira, o loop continua.

```
let x = 0;

do {

  console.log(x);

  x++;

} while (x < 5);
```

Neste exemplo, o loop do-while imprime o valor de x e, em seguida, incrementa x em 1. O loop continua enquanto a condição x < 5 for verdadeira.

Os loops são uma parte essencial da programação e ajudam a automatizar tarefas repetitivas e iterar sobre listas e coleções de dados. Escolha o tipo de loop mais adequado às suas necessidades e use-o de forma adequada para criar algoritmos eficientes em JavaScript. Lembre-se sempre de garantir que a condição de continuação do loop será eventualmente falsa, para evitar loops infinitos.

O controle de fluxos em JavaScript é uma forma de manipular o comportamento de loops e condicionais, permitindo desvios ou interrupções específicas durante a execução do código. Duas das principais declarações de controle de fluxos em JavaScript são break e continue.

Declaração break:

A declaração break é usada para interromper completamente a execução de um loop, geralmente em resposta a uma condição específica.

```javascript
for (let i = 0; i < 5; i++) {

  if (i === 3) {

    break;

  }

  console.log(i);

}
```

Neste exemplo, o loop for imprimirá os valores de i de 0 a 2. Quando i atinge o valor de 3, a condição i === 3 é verdadeira, e a declaração break é executada, interrompendo o loop imediatamente.

Declaração continue:

A declaração continue é usada para pular uma iteração específica dentro de um loop, geralmente em resposta a uma condição, mas sem interromper completamente o loop.

```javascript
for (let i = 0; i < 5; i++) {

  if (i === 2) {

    continue;

  }

  console.log(i);

}
```

Neste exemplo, o loop for imprimirá os valores de i de 0 a 4, exceto quando i é igual a 2. Quando i é igual a 2, a condição i === 2 é verdadeira, e a declaração continue é executada, pulando a iteração atual e avançando para a próxima iteração.

É importante ter cuidado ao usar declarações break e continue, pois elas podem tornar o código mais difícil de ler e entender. Porém, em situações específicas, elas podem ser úteis para evitar repetições desnecessárias ou parar a execução quando uma determinada condição for atendida.

Em resumo, o break é usado para interromper completamente a execução de um loop, enquanto o continue é usado para pular uma iteração específica do loop e continuar com a próxima. Essas declarações de controle de fluxo podem ajudar a tornar o código mais eficiente e melhorar a lógica de suas estruturas de repetição em JavaScript.

Em JavaScript, as funções são blocos de código reutilizáveis que podem ser definidos uma vez e executados várias vezes em diferentes partes do programa. As funções são fundamentais para organizar o código, tornando-o mais modular, fácil de manter e reduzindo a repetição de código. Vamos explorar como criar funções em JavaScript:

Existem duas maneiras principais de criar funções em JavaScript:

Declaração de Função:

A declaração de função começa com a palavra-chave function, seguida pelo nome da função, uma lista de parâmetros entre parênteses (se a função receber argumentos), e o bloco de código entre chaves que contém as instruções a serem executadas.

// Declaração de função sem parâmetros

function saudacao() {

    console.log("Olá! Bem-vindo!");

}

// Declaração de função com parâmetros

function saudacaoPersonalizada(nome) {

    console.log(`Olá, ${nome}! Bem-vindo!`);

}

Para chamar (executar) uma função, você simplesmente escreve o nome da função seguido de parênteses:

saudacao(); // Saída: "Olá! Bem-vindo!"

saudacaoPersonalizada("João"); // Saída: "Olá, João! Bem-vindo!"

Expressões de Função (Funções Anônimas):

Uma função também pode ser definida como uma expressão de função, que é basicamente uma função sem nome (função anônima) atribuída a uma variável ou passada como argumento para outras funções.

// **Expressão de função (função anônima) atribuída a uma variável**

```
let soma = function(a, b) {
  return a + b;
};
```

// **Expressão de função como argumento para outra função**

```
function executarOperacao(a, b, operacao) {
  console.log(operacao(a, b));
}
```

Nesse exemplo, a função anônima é atribuída à variável soma e pode ser usada posteriormente para realizar operações de soma. A função executarOperacao recebe uma operação como argumento e executa essa operação com os valores de a e b.

```
console.log(soma(2, 3)); // Saída: 5
executarOperacao(4, 5, soma); // Saída: 9
```

As funções em JavaScript também podem retornar valores usando a palavra-chave return. Se uma função não tiver uma declaração return, ela retornará undefined por padrão.

```
function multiplicacao(a, b) {
  return a * b;
}
```

```
let resultado = multiplicacao(2, 3);
console.log(resultado); // Saída: 6
```

Espero que isso ajude a entender como criar funções em JavaScript. As funções são uma parte essencial da programação, pois permitem a reutilização de código, tornando o desenvolvimento mais eficiente e organizado. Com as funções, você pode criar blocos de código que realizam tarefas específicas e utilizá-las sempre que necessário em diferentes partes do seu programa.

Em JavaScript, os parâmetros e argumentos são usados para permitir a passagem de dados para dentro de uma função. Esses conceitos são essenciais para criar funções flexíveis e reutilizáveis que podem lidar com diferentes valores durante a execução. Vamos explorar como usar parâmetros e argumentos em JavaScript:

Parâmetros de Função:

Os parâmetros são as variáveis listadas entre parênteses na declaração de uma função. Eles são usados para receber os valores que serão passados para a função quando ela for chamada. Você pode definir um ou mais parâmetros em uma função, e eles servem como as "portas de entrada" para a função receber os valores externos.

```javascript
function saudacao(nome) {

  console.log(`Olá, ${nome}! Bem-vindo!`);

}
```

Neste exemplo, a função saudacao possui um parâmetro chamado nome. Quando você chama a função e passa um valor como argumento, esse valor será atribuído ao parâmetro nome dentro da função.

Argumentos de Função:

Os argumentos são os valores reais que são passados para a função quando ela é chamada. Os argumentos são inseridos entre parênteses na chamada da função e são usados para preencher os parâmetros definidos na declaração da função.

```javascript
saudacao("João"); // "João" é o argumento passado para o parâmetro "nome"
```

Quando você chama a função saudacao com o argumento "João", o valor "João" é atribuído ao parâmetro nome dentro da função, e o resultado impresso será "Olá, João! Bem-vindo!".

Você pode passar qualquer valor como argumento para uma função, seja uma string, um número, um array, um objeto ou até mesmo outra função.

```javascript
function soma(a, b) {

  return a + b;

}
```

```javascript
let resultado = soma(2, 3);

console.log(resultado); // Saída: 5
```

Neste exemplo, a função soma recebe dois argumentos (2 e 3) e retorna a soma desses valores, que é 5.

É importante lembrar que os parâmetros são apenas variáveis locais dentro da função, e os argumentos passados para a função não afetam as variáveis fora da função.

```javascript
let x = 10;


function dobro(y) {
  y = y * 2;
  console.log(y); // Saída: 20 (o valor do argumento passado para y)
}


dobro(x);

console.log(x); // Saída: 10 (x continua com o valor original, não foi alterado pela função)
```

Em resumo, parâmetros e argumentos em JavaScript são usados para permitir que as funções recebam dados externos e os utilizem em sua execução. Os parâmetros são definidos na declaração da função, enquanto os argumentos são passados para a função quando ela é chamada. Esses conceitos são fundamentais para criar funções flexíveis e reutilizáveis em JavaScript.

O escopo de variáveis em JavaScript refere-se à disponibilidade e visibilidade de uma variável em diferentes partes do código. Onde uma variável é declarada determina onde ela pode ser acessada e modificada. O escopo é uma parte crucial da linguagem, pois influencia a organização e a segurança do código. Em JavaScript, existem dois principais tipos de escopo de variáveis: escopo global e escopo local.

Escopo Global:

As variáveis declaradas fora de qualquer função ou bloco de código têm escopo global. Isso significa que elas podem ser acessadas em todo o código, tanto dentro de funções quanto fora delas.

javascript

Copiar código

```javascript
let nome = "Maria"; // Variável de escopo global


function saudacao() {
```

```
  console.log(`Olá, ${nome}!`);
}
```

```
saudacao(); // Saída: "Olá, Maria!"
console.log(nome); // Saída: "Maria"
```

No exemplo acima, a variável nome é declarada fora da função e pode ser acessada tanto dentro da função saudacao() quanto fora dela.

Escopo Local:

As variáveis declaradas dentro de uma função ou bloco de código têm escopo local. Isso significa que elas só podem ser acessadas e utilizadas dentro do mesmo bloco em que foram declaradas.

```
function calcularIdade() {
  let anoAtual = 2023; // Variável de escopo local
  let anoNascimento = 1990; // Variável de escopo local

  let idade = anoAtual - anoNascimento;
  console.log(`Você tem ${idade} anos.`);
}
```

```
calcularIdade(); // Saída: "Você tem 33 anos."
console.log(anoAtual); // Erro! anoAtual não está definida neste escopo
```

No exemplo acima, as variáveis anoAtual, anoNascimento e idade têm escopo local, pois foram declaradas dentro da função calcularIdade(). Elas não estão disponíveis fora dessa função e tentar acessá-las resultará em um erro.

O escopo local também se aplica a blocos de código, como loops (for, while) e condicionais (if, else), caso as variáveis sejam declaradas dentro deles.

```
function exemploEscopoLocal() {
  if (true) {
    let variavelBloco = "Variável do bloco";
    console.log(variavelBloco); // Saída: "Variável do bloco"
```

```
}
```

console.log(variavelBloco); // Erro! variavelBloco não está definida neste escopo

```
}
```

Neste exemplo, a variável variavelBloco foi declarada dentro do bloco if, e ela só é acessível dentro desse bloco.

Entender o escopo de variáveis é fundamental para evitar problemas de sobreposição de nomes de variáveis, garantir que as variáveis sejam acessíveis apenas onde são necessárias e criar código mais seguro e organizado. Lembre-se de sempre declarar suas variáveis no escopo apropriado para evitar problemas de acesso e evitar variáveis globais desnecessárias, pois elas podem tornar o código mais difícil de depurar e manter.

A recursão em JavaScript é uma técnica em que uma função se chama a si mesma repetidamente para resolver um problema ou realizar uma tarefa. Em outras palavras, é uma forma de repetição em que uma função invoca a si mesma para atingir um objetivo específico. Quando uma função se chama a si mesma, isso é conhecido como uma chamada recursiva.

Para entender melhor a recursão, é importante ter uma compreensão sólida de como ela funciona e quais são as condições de parada. Caso contrário, a recursão pode levar a uma chamada infinita da função e causar um estouro de pilha (stack overflow), o que resulta em um erro.

Vamos explorar um exemplo simples de uma função recursiva que calcula o fatorial de um número:

function fatorial(n) {

// Condição de parada: se n for igual a 0 ou 1, retorne 1

if (n === 0 || n === 1) {

return 1;

} else {

// Chamada recursiva: chame a função fatorial() com n-1 e multiplique pelo valor de n

```
    return n * fatorial(n - 1);

  }

}
```

Neste exemplo, a função fatorial() calcula o fatorial de um número n. Se n for igual a 0 ou 1, a função retorna 1 (condição de parada). Caso contrário, a função se chama a si mesma com o argumento n - 1, e o resultado é multiplicado por n. Essa chamada recursiva continua até que a condição de parada seja atingida, e os resultados são acumulados à medida que as chamadas recursivas são desempilhadas.

console.log(fatorial(5)); // Saída: 120

console.log(fatorial(6)); // Saída: 720

A função fatorial(5) é calculada da seguinte forma:

Copiar código

fatorial(5) = 5 * fatorial(4)

fatorial(4) = 4 * fatorial(3)

fatorial(3) = 3 * fatorial(2)

fatorial(2) = 2 * fatorial(1)

fatorial(1) = 1

Em seguida, os resultados são empilhados de volta:

Copiar código

fatorial(1) = 1

fatorial(2) = 2 * 1 = 2

fatorial(3) = 3 * 2 = 6

fatorial(4) = 4 * 6 = 24

fatorial(5) = 5 * 24 = 120

Recursão pode ser uma ferramenta poderosa para resolver problemas que possuem uma estrutura recursiva. No entanto, é importante garantir que a condição de parada seja atingida e que a recursão não leve a um loop infinito. Além disso, a recursão pode ter um custo em termos de desempenho e uso de memória, portanto, pode ser necessário ponderar quando usá-la em comparação com outras abordagens iterativas.

Trabalhar com arrays é uma parte fundamental da programação em JavaScript. Arrays são estruturas de dados que permitem armazenar uma coleção ordenada de elementos. Vamos explorar como criar, acessar e manipular arrays em JavaScript:

Criação de Arrays:

Existem várias maneiras de criar arrays em JavaScript. A forma mais comum é usando colchetes [] e listando os elementos separados por vírgulas.

let numeros = [1, 2, 3, 4, 5]; // Array de números

let frutas = ["maçã", "banana", "laranja"]; // Array de strings

Também é possível criar arrays vazios e, em seguida, adicionar elementos usando a função push().

javascript

Copiar código

let vazio = []; // Array vazio

vazio.push(10);

vazio.push(20);

Acesso aos Elementos do Array:

Os elementos de um array são acessados usando seus índices, que começam em 0. Para acessar um elemento específico, basta usar a notação de colchetes [índice].

let frutas = ["maçã", "banana", "laranja"];

console.log(frutas[0]); // Saída: "maçã"

console.log(frutas[1]); // Saída: "banana"

console.log(frutas[2]); // Saída: "laranja"

Manipulação de Arrays:

JavaScript fornece várias funções e métodos para manipular arrays de forma eficiente.

push(): Adiciona elementos ao final do array.

javascript

Copiar código

let numeros = [1, 2, 3];

numeros.push(4);

```
console.log(numeros); // Saída: [1, 2, 3, 4]
```

pop(): Remove o último elemento do array e retorna esse elemento.

javascript

Copiar código

```
let numeros = [1, 2, 3, 4];

let ultimoElemento = numeros.pop();

console.log(ultimoElemento); // Saída: 4

console.log(numeros); // Saída: [1, 2, 3]
```

splice(): Permite adicionar, remover ou substituir elementos em uma posição específica do array.

javascript

Copiar código

```
let frutas = ["maçã", "banana", "laranja"];

frutas.splice(1, 1, "uva"); // Remove "banana" e adiciona "uva" no índice 1

console.log(frutas); // Saída: ["maçã", "uva", "laranja"]
```

concat(): Combina dois ou mais arrays em um novo array.

javascript

Copiar código

```
let numeros = [1, 2, 3];

let maisNumeros = [4, 5, 6];

let todosNumeros = numeros.concat(maisNumeros);

console.log(todosNumeros); // Saída: [1, 2, 3, 4, 5, 6]
```

slice(): Retorna uma cópia de uma parte do array com base nos índices especificados.

javascript

Copiar código

```
let letras = ["a", "b", "c", "d", "e"];

let parteDoArray = letras.slice(1, 4); // Retorna ["b", "c", "d"]
```

Essas são algumas das principais operações para trabalhar com arrays em JavaScript. Eles são uma parte essencial da linguagem e permitem a organização e manipulação eficiente de conjuntos de dados. Além disso, as funções de manipulação de arrays tornam a programação mais conveniente e legível, ajudando você a lidar com listas de itens e realizar diversas operações sobre eles.

Trabalhar com objetos, propriedades e métodos em JavaScript é uma parte importante da linguagem, pois permite organizar e manipular dados de forma mais complexa e estruturada. Vamos explorar como criar objetos, adicionar propriedades e métodos a eles, e como acessar essas propriedades e métodos:

Criação de Objetos:

Os objetos em JavaScript são estruturas de dados que permitem armazenar várias informações relacionadas. Eles são compostos por pares chave-valor, onde a chave é uma string que identifica a propriedade e o valor é o dado associado a essa propriedade.

```
// Criando um objeto vazio

let pessoa = {};


// Criando um objeto com propriedades

let aluno = {

  nome: "João",

  idade: 20,

  curso: "Engenharia",

};
```

Acesso às Propriedades:

As propriedades de um objeto são acessadas usando a notação de ponto (objeto.propriedade) ou a notação de colchetes (objeto["propriedade"]).

```
let aluno = {

  nome: "João",

  idade: 20,

  curso: "Engenharia",

};


console.log(aluno.nome); // Saída: "João"

console.log(aluno["idade"]); // Saída: 20
```

Adição e Modificação de Propriedades:

Você pode adicionar ou modificar propriedades de um objeto atribuindo valores a elas.

```javascript
let pessoa = {};


pessoa.nome = "Maria";

pessoa.idade = 25;


console.log(pessoa); // Saída: { nome: "Maria", idade: 25 }


pessoa.idade = 26;


console.log(pessoa); // Saída: { nome: "Maria", idade: 26 }
```

Métodos:

Os métodos em JavaScript são funções que são definidas como propriedades de um objeto. Eles permitem que você adicione comportamentos específicos a um objeto.

```javascript
let pessoa = {

  nome: "Maria",

  idade: 25,

  saudacao: function() {

    console.log(`Olá, meu nome é ${this.nome} e tenho ${this.idade} anos.`);

  },

};


pessoa.saudacao(); // Saída: "Olá, meu nome é Maria e tenho 25 anos."
```

Neste exemplo, o objeto pessoa possui um método chamado saudacao, que é uma função que imprime uma mensagem com o nome e a idade da pessoa.

Remoção de Propriedades:

Você pode remover uma propriedade de um objeto usando o operador delete.

```javascript
let pessoa = {

  nome: "Maria",

  idade: 25,

};
```

```
delete pessoa.nome;
```

```
console.log(pessoa); // Saída: { idade: 25 }
```

Verificação de Propriedades:

Você pode verificar se uma propriedade existe em um objeto usando o operador in.

```
let pessoa = {
  nome: "Maria",
  idade: 25,
};
```

```
console.log("nome" in pessoa); // Saída: true
```

```
console.log("curso" in pessoa); // Saída: false
```

Em resumo, trabalhar com objetos, propriedades e métodos em JavaScript permite criar estruturas de dados mais complexas e representativas. Os objetos são fundamentais para organizar informações relacionadas em um único lugar. As propriedades armazenam os dados e os métodos adicionam comportamentos específicos a esses objetos. Essa abordagem torna o código mais modular, reutilizáve e mais fácil de manter, tornando o JavaScript uma linguagem poderosa para trabalhar com dados estruturados.

O Destructuring e o Spread Operator são dois recursos muito úteis e poderosos introduzidos no ECMAScript 6 (ES6) para manipular objetos e arrays de forma mais concisa e flexível em JavaScript. Vamos explorar como trabalhar com cada um deles:

Destructuring (Destruturação):

O Destructuring é uma maneira de extrair valores de objetos e arrays e atribuí-los a variáveis separadas. Ele permite que você descompacte dados de forma mais direta, facilitando o acesso a elementos específicos de um objeto ou array.

Destructuring de Objetos:

```
let pessoa = { nome: 'João', idade: 30, cidade: 'São Paulo' };
```

```javascript
// Extrair os valores de um objeto para variáveis separadas
let { nome, idade, cidade } = pessoa;

console.log(nome); // Saída: "João"
console.log(idade); // Saída: 30
console.log(cidade); // Saída: "São Paulo"
```

Destructuring de Arrays:

javascript
Copiar código

```javascript
let numeros = [1, 2, 3];

// Extrair os valores de um array para variáveis separadas
let [primeiro, segundo, terceiro] = numeros;

console.log(primeiro); // Saída: 1
console.log(segundo); // Saída: 2
console.log(terceiro); // Saída: 3
```

Spread Operator (Operador de Propagação):

O Spread Operator é representado por três pontos ... e é usado para combinar os elementos de um array ou objeto com outro array ou objeto. Ele permite copiar e mesclar dados de forma rápida e eficiente.

Spread Operator com Arrays:

javascript
Copiar código

```javascript
let numeros1 = [1, 2, 3];
let numeros2 = [4, 5, 6];

// Combinar os elementos de dois arrays em um novo array
```

```javascript
let todosNumeros = [...numeros1, ...numeros2];

console.log(todosNumeros); // Saída: [1, 2, 3, 4, 5, 6]
```
Spread Operator com Objetos:

javascript
Copiar código
```javascript
let pessoa = { nome: 'João', idade: 30 };
let endereco = { cidade: 'São Paulo', estado: 'SP' };

// Combina os dados de dois objetos em um novo objeto
let pessoaCompleta = { ...pessoa, ...endereco };

console.log(pessoaCompleta);
// Saída: { nome: 'João', idade: 30, cidade: 'São Paulo', estado: 'SP' }
```
Além disso, o Spread Operator também pode ser usado para fazer cópias superficiais de objetos e arrays:

javascript
Copiar código
```javascript
let originalArray = [1, 2, 3];
let copiaArray = [...originalArray]; // Cópia do array original


let originalObjeto = { nome: 'Maria', idade: 25 };
let copiaObjeto = { ...originalObjeto }; // Cópia do objeto original
```
Essas são algumas das maneiras de trabalhar com Destructuring e Spread Operator em JavaScript. Esses recursos tornam a manipulação de objetos e arrays mais eficiente, concisa e legível, permitindo que você extraia, combine e copie dados de forma mais conveniente.

Introdução à POO

A Programação Orientada a Objetos (POO) é um paradigma de programação que se baseia no conceito de "objetos". É uma forma de organizar e estruturar o código de maneira mais eficiente, reutilizável e orientada ao mundo real. A POO se concentra em representar entidades, objetos ou conceitos do mundo real como "objetos" no código, e permite que esses objetos interajam entre si por meio de propriedades e métodos.

Para entender melhor a POO, vamos explorar os conceitos fundamentais:

Classe:

Uma classe é uma "planta baixa" ou um "modelo" para criar objetos. Ela define as características e comportamentos que os objetos terão. As classes descrevem o que os objetos são e como eles devem agir. Por exemplo, se estivermos criando um programa para gerenciar carros, poderíamos ter uma classe chamada "Carro" que definiria os atributos (como cor, modelo, ano) e os métodos (como acelerar, frear) que todos os carros devem ter.

Objeto:

Um objeto é uma instância de uma classe. Ele é uma representação concreta de um conceito específico ou uma entidade do mundo real. Quando uma classe é instanciada, é criado um objeto que possui as características e comportamentos definidos pela classe. No exemplo anterior, um objeto "carro1" pode ser criado com base na classe "Carro" e terá as características específicas, como cor vermelha, modelo "Sedan" e ano "2022".

Propriedades (Atributos):

As propriedades são as características ou dados que um objeto possui. Em outras palavras, são as variáveis que representam o estado do objeto. No exemplo do carro, as propriedades podem ser a cor, o modelo e o ano.

Métodos:

Os métodos são as funções ou ações que um objeto pode realizar. Eles representam o comportamento do objeto e permitem que ele execute tarefas específicas. No exemplo do carro, os métodos podem ser "acelerar", "frear" e "ligar o motor".

Encapsulamento:

O encapsulamento é um princípio da POO que visa esconder os detalhes internos de uma classe ou objeto e fornecer uma interface pública para interagir com ele. Isso significa que apenas os métodos públicos e propriedades estão acessíveis externamente, enquanto os detalhes de implementação são mantidos ocultos.

Herança:

A herança é um conceito que permite que uma classe herde características de outra classe. Isso ajuda a criar uma hierarquia entre classes e a reutilizar código. Uma classe que herda de outra é chamada de "subclasse" ou "classe filha", e a classe da qual ela herda é chamada de "superclasse" ou "classe pai". A herança permite estender e especializar comportamentos.

Polimorfismo:

O polimorfismo é a capacidade de uma classe se comportar de diferentes maneiras ou ter diferentes formas. Isso permite que objetos de diferentes classes sejam tratados de maneira uniforme por meio de interfaces comuns. O polimorfismo pode ser alcançado por meio de herança ou pela implementação de interfaces.

A POO é um paradigma poderoso e amplamente utilizado na programação moderna. Ele ajuda a organizar o código de forma mais clara e eficiente, permitindo que os desenvolvedores criem sistemas mais flexíveis, escaláveis e fáceis de manter. É uma abordagem valiosa para lidar com problemas complexos, representar conceitos do mundo real e construir software de alta qualidade.

Classes e objetos são conceitos fundamentais da Programação Orientada a Objetos (POO). Eles estão interligados e desempenham papéis importantes na estruturação e modelagem de um programa. Vamos explorar cada um deles em detalhes:

Classe:

Uma classe é uma estrutura de código que atua como um modelo ou uma "planta baixa" para criar objetos. Ela define as características e comportamentos que os objetos dessa classe terão. Em outras palavras, uma classe é uma abstração que representa um conceito ou entidade do mundo real em seu código.

Por exemplo, se estivéssemos construindo um programa para gerenciar carros, poderíamos ter uma classe chamada "Carro" que definiria os atributos (como cor, modelo, ano) e os métodos (como acelerar, frear) que todos os carros devem ter.

Aqui está um exemplo simplificado de uma classe "Carro" em JavaScript:

```
class Carro {
  constructor(cor, modelo, ano) {
    this.cor = cor;
```

```
    this.modelo = modelo;

    this.ano = ano;

  }


  acelerar() {

    console.log("Carro acelerando...");

  }


  frear() {

    console.log("Carro freando...");

  }

}
```

Objeto:

Um objeto é uma instância de uma classe. É uma representação concreta de um conceito específico ou uma entidade do mundo real que foi modelada com base na classe. Quando uma classe é instanciada, é criado um objeto que possui as características e comportamentos definidos pela classe.

Continuando com o exemplo da classe "Carro", podemos criar objetos específicos representando carros individuais:

```
let carro1 = new Carro("Vermelho", "Sedan", 2022);

let carro2 = new Carro("Azul", "Hatchback", 2020);
```

Neste caso, carro1 e carro2 são objetos criados a partir da classe "Carro" e possuem suas próprias propriedades específicas (cor, modelo e ano).

Os objetos são a principal unidade de trabalho em um programa orientado a objetos. Eles permitem que você crie e manipule dados em uma estrutura mais organizada, reutilizável e representativa. Através dos objetos, você pode invocar métodos para realizar ações específicas e acessar as propriedades para obter ou modificar dados.

A classe é o projeto ou modelo que define a estrutura dos objetos, enquanto os objetos são as instâncias específicas criadas a partir desse modelo. Através da utilização conjunta de classes e objetos, a Programação Orientada a Objetos permite criar sistemas mais organizados, escaláveis e fáceis de manter, tornando a codificação mais eficiente e a resolução de problemas mais intuitiva.

Herança e polimorfismo

Herança e polimorfismo são dois conceitos-chave da Programação Orientada a Objetos (POO) que permitem criar hierarquias de classes e fornecer flexibilidade e extensibilidade aos objetos. Vamos explorar cada um deles em detalhes:

Herança:

A herança é um conceito que permite que uma classe herde as características (propriedades e métodos) de outra classe. Em outras palavras, uma classe pode estender outra classe, adquirindo todas as suas funcionalidades e ainda ter a capacidade de adicionar ou substituir comportamentos específicos.

A classe que herda é chamada de "subclasse" ou "classe filha", e a classe da qual ela herda é chamada de "superclasse" ou "classe pai". A herança é uma forma de reutilizar código e estabelecer uma relação de especialização entre classes.

Vamos considerar o exemplo da classe "Animal" e suas subclasses "Cachorro" e "Gato":

```
class Animal {
  constructor(nome) {
    this.nome = nome;
  }

  fazerBarulho() {
    console.log("O animal faz barulho.");
  }
}


class Cachorro extends Animal {
  fazerBarulho() {
    console.log("O cachorro faz: Au au!");
  }
}


class Gato extends Animal {
```

```
fazerBarulho() {
    console.log("O gato faz: Miau!");
  }
}
```

Neste exemplo, a classe "Cachorro" e a classe "Gato" são subclasses da classe "Animal". Elas herdam a propriedade "nome" e o método "fazerBarulho" da classe "Animal". No entanto, cada uma das subclasses sobrescreve o método "fazerBarulho" para implementar seu próprio comportamento específico.

Polimorfismo:

O polimorfismo é a capacidade de uma classe se comportar de diferentes maneiras ou ter diferentes formas. Em POO, o polimorfismo ocorre quando diferentes classes implementam métodos com o mesmo nome, mas com comportamentos distintos.

O polimorfismo permite que objetos de diferentes classes sejam tratados de maneira uniforme por meio de interfaces comuns. Isso proporciona mais flexibilidade ao código, pois você pode usar um método em várias classes diferentes sem se preocupar com as diferenças de implementação.

Vamos usar novamente o exemplo das classes "Cachorro" e "Gato":

```
function fazerBarulhoDoAnimal(animal) {
    animal.fazerBarulho();
}


let cachorro = new Cachorro("Bob");
let gato = new Gato("Felix");


fazerBarulhoDoAnimal(cachorro); // Saída: "O cachorro faz: Au au!"
fazerBarulhoDoAnimal(gato); // Saída: "O gato faz: Miau!"
```

Neste exemplo, a função fazerBarulhoDoAnimal recebe um objeto "animal" como argumento e chama o método "fazerBarulho()" do objeto. O polimorfismo permite que a mesma função funcione com objetos de diferentes classes (nesse caso, "Cachorro" e "Gato"), desde que esses objetos implementem o método "fazerBarulho()" de forma adequada.

Em resumo, a herança e o polimorfismo são conceitos-chave na Programação Orientada a Objetos que permitem criar hierarquias de classes e fornecer flexibilidade e reutilização de código. A herança permite que uma classe adquira as características de outra, e o polimorfismo permite que diferentes classes implementem comportamentos semelhantes usando a mesma interface. Juntos, esses conceitos tornam o código mais modular, flexível e organizado.

Encapsulamento e abstração

Encapsulamento e abstração são conceitos fundamentais da Programação Orientada a Objetos (POO) que auxiliam na criação de código mais seguro, modular e fácil de manter. Vamos explorar cada um deles em detalhes:

Encapsulamento:

O encapsulamento é um princípio da POO que visa esconder os detalhes internos de uma classe ou objeto e fornecer uma interface pública para interagir com ele. Em outras palavras, ele protege os dados e o comportamento da classe, permitindo que apenas métodos selecionados sejam acessíveis externamente.

O encapsulamento é alcançado definindo propriedades e métodos como públicos, privados ou protegidos. Esses modificadores de acesso controlam a visibilidade e a acessibilidade das propriedades e métodos.

Propriedades e Métodos Públicos: São acessíveis de fora da classe e geralmente são usados para interagir com o objeto.

Propriedades e Métodos Privados: São acessíveis apenas dentro da própria classe e não podem ser acessados externamente. Eles são usados para esconder detalhes internos do objeto.

Propriedades e Métodos Protegidos: São acessíveis na classe e suas subclasses. Eles fornecem uma maneira de compartilhar dados e comportamentos entre classes relacionadas.

Vamos usar um exemplo de uma classe "ContaBancaria" para ilustrar o encapsulamento:

```
class ContaBancaria {
  constructor(saldoInicial) {
    // Propriedade privada - não é acessível externamente
    let saldo = saldoInicial;
```

```javascript
// Método privado - não é acessível externamente
function exibirSaldo() {
  console.log(`Saldo: R$ ${saldo}`);
}

// Método público - acessível externamente
this.depositar = function(valor) {
  saldo += valor;
  exibirSaldo();
};

// Método público - acessível externamente
this.sacar = function(valor) {
  if (saldo >= valor) {
    saldo -= valor;
    exibirSaldo();
  } else {
    console.log("Saldo insuficiente.");
  }
};
}
}


let conta = new ContaBancaria(1000);
conta.depositar(500); // Saída: "Saldo: R$ 1500"
conta.sacar(200); // Saída: "Saldo: R$ 1300"
```

Neste exemplo, a propriedade saldo e o método exibirSaldo() são privados e não podem ser acessados externamente. Os métodos depositar() e sacar() são públicos e fornecem a interface para interagir com a conta bancária.

Abstração:

Abstração é o conceito de simplificar e representar objetos do mundo real em uma forma mais generalizada e abstrata. Em POO, uma classe é uma abstração que representa um conceito específico, enquanto um objeto é uma instância concreta dessa abstração.

A abstração permite focar nos aspectos essenciais de um objeto e ignorar detalhes menos relevantes. Ela nos ajuda a criar modelos mais simples e reutilizáveis que podem ser aplicados a várias situações.

Vamos usar o exemplo da classe "Animal" para ilustrar a abstração:

```
class Animal {
  constructor(nome, tipo) {
    this.nome = nome;
    this.tipo = tipo;
  }

  emitirSom() {
    console.log(`${this.nome} emite um som.`);
  }
}
```

Neste exemplo, a classe "Animal" é uma abstração que representa a ideia geral de um animal, com as propriedades "nome" e "tipo" e o método "emitirSom()". Essa abstração pode ser usada para criar objetos específicos, como "Cachorro" e "Gato", que são instâncias concretas da classe "Animal".

A abstração nos ajuda a criar código mais genérico, flexível e fácil de entender, concentrando-se apenas nos aspectos importantes do objeto em questão.

Em resumo, o encapsulamento protege os detalhes internos da classe e fornece uma interface pública para interagir com ela, enquanto a abstração simplifica e representa objetos do mundo real de forma mais geral e reutilizável. Ambos os conceitos são essenciais para uma programação orientada a objetos bem estruturada e facilitam a construção de sistemas complexos de forma mais organizada e modular.

me descreva como Manipulando o DOM (Document Object Model)

Manipular o DOM (Document Object Model) é um processo essencial quando se trabalha com JavaScript em páginas web. O DOM é uma representação em formato de árvore do conteúdo HTML de uma página, que permite que scripts do lado do cliente (como JavaScript) interajam com os elementos da página, modificando seu conteúdo, estrutura e estilo. Vamos explorar como manipular o DOM em JavaScript:

Acessando Elementos do DOM:

Para manipular um elemento no DOM, primeiro precisamos acessá-lo. Isso pode ser feito usando diversas formas de seletores, como getElementById, getElementsByClassName, getElementsByTagName e querySelector, entre outros.

Copiar código

```html
<!DOCTYPE html>

<html>

<head>

  <title>Exemplo</title>

</head>

<body>

  <h1 id="titulo">Olá, Mundo!</h1>

  <p class="paragrafo">Este é um exemplo de manipulação do DOM.</p>

</body>

</html>
```

```javascript
// Acessando elementos usando seus IDs

let tituloElemento = document.getElementById("titulo");


// Acessando elementos usando suas classes

let paragrafos = document.getElementsByClassName("paragrafo");


// Acessando elementos usando suas tags

let paragrafoPrimeiro = document.getElementsByTagName("p")[0];

// Acessando elementos usando seletores CSS

let primeiroParagrafo = document.querySelector("p");
```

Modificando Elementos do DOM:

Uma vez que você tenha acesso a um elemento, você pode modificar seu conteúdo, estilo e outras propriedades usando JavaScript.

```javascript
// Modificando conteúdo

tituloElemento.innerText = "Olá, Mundo Modificado!";

paragrafoPrimeiro.innerHTML = "Este é um exemplo <strong>modificado</strong> de manipulação do DOM.";
```

```javascript
// Modificando estilos

paragrafoPrimeiro.style.color = "blue";

paragrafoPrimeiro.style.fontSize = "18px";
```

Criando e Removendo Elementos do DOM:

Além de modificar elementos existentes, você pode criar novos elementos e adicioná-los ao DOM ou remover elementos existentes.

javascript

Copiar código

```javascript
// Criando um novo elemento

let novoParagrafo = document.createElement("p");

novoParagrafo.innerText = "Este é um novo parágrafo criado com JavaScript.";
```

```javascript
// Adicionando o novo elemento ao DOM

document.body.appendChild(novoParagrafo);
```

```javascript
// Removendo um elemento existente

let elementoParaRemover = document.getElementById("elemento-a-remover");

elementoParaRemover.parentNode.removeChild(elementoParaRemover);
```

Manipulando Eventos:

Você também pode manipular eventos, como cliques de mouse, pressionamentos de teclas e muitos outros, usando event listeners.

```javascript
// Adicionando um event listener para um clique de mouse

tituloElemento.addEventListener("click", function() {

  alert("Você clicou no título!");
```

```
});
```

```
// Adicionando um event listener para pressionamento de tecla
document.addEventListener("keypress", function(event) {
  console.log("Você pressionou a tecla: " + event.key);
});
```

Essas são apenas algumas das muitas maneiras de manipular o DOM em JavaScript. Ao interagir com o DOM, é importante lembrar que ele é atualizado em tempo real, portanto, as alterações que você fizer serão refletidas imediatamente na página. A manipulação do DOM é uma habilidade poderosa que permite criar páginas interativas e dinâmicas, tornando JavaScript uma linguagem essencial para o desenvolvimento front-end de páginas web.

Para interagir com elementos HTML usando JavaScript, você precisa primeiro acessar esses elementos no DOM (Document Object Model), conforme mencionado anteriormente. Depois de acessá-los, você pode interagir com eles, modificando seu conteúdo, estilo, atributos e adicionando ou removendo classes, além de responder a eventos como cliques e pressionamentos de teclas. Vamos explorar mais algumas formas de interagir com elementos HTML:

Modificando Atributos:

Você pode modificar atributos dos elementos usando a propriedade setAttribute ou diretamente alterando os valores dos atributos.

```
<!DOCTYPE html>
<html>
<head>
  <title>Exemplo</title>
</head>
<body>
  <img id="imagem" src="imagem.jpg" alt="Imagem">
</body>
</html>
```

javascript

Copiar código

```
// Modificando o atributo "src" de uma imagem
```

```javascript
let imagemElemento = document.getElementById("imagem");
imagemElemento.setAttribute("src", "nova_imagem.jpg");


// Modificando o atributo "alt" diretamente
imagemElemento.alt = "Nova descrição da imagem";
```

Adicionando e Removendo Classes:

Classes são usadas para estilizar elementos e aplicar estilos específicos a eles. Você pode adicionar ou remover classes usando as propriedades classList.add e classList.remove, respectivamente.

```html
<!DOCTYPE html>
<html>
<head>
 <title>Exemplo</title>
 <style>
  .destacado {
   font-weight: bold;
   color: blue;
  }
 </style>
</head>
<body>
 <p id="paragrafo">Este é um exemplo de interação com elementos HTML.</p>
</body>
</html>
```

javascript

Copiar código

```javascript
// Adicionando uma classe
let paragrafoElemento = document.getElementById("paragrafo");
paragrafoElemento.classList.add("destacado");


// Removendo uma classe
```

paragrafoElemento.classList.remove("destacado");

Respondendo a Eventos:

Eventos são ações do usuário, como cliques, pressionamentos de teclas, movimento do mouse, entre outros. Você pode responder a esses eventos adicionando event listeners a elementos HTML.

```html
<!DOCTYPE html>
<html>
<head>
  <title>Exemplo</title>
</head>
<body>
  <button id="botao">Clique aqui</button>
</body>
</html>
```

javascript

Copiar código

```javascript
// Adicionando um event listener para o clique do botão
let botaoElemento = document.getElementById("botao");
botaoElemento.addEventListener("click", function() {
  alert("Você clicou no botão!");
});


// Adicionando um event listener para o pressionamento de tecla
document.addEventListener("keypress", function(event) {
  console.log("Você pressionou a tecla: " + event.key);
});
```

Essas são apenas algumas das muitas formas de interagir com elementos HTML usando JavaScript. O JavaScript é uma linguagem poderosa que permite criar páginas web interativas e dinâmicas, proporcionando aos desenvolvedores uma ampla gama de opções para manipular e responder a elementos da página. Ao interagir com elementos HTML, é importante considerar a acessibilidade e a usabilidade para criar experiências de usuário agradáveis e funcionais.

Manipular estilos e classes é uma parte importante da interação com elementos HTML usando JavaScript. Essas manipulações permitem modificar a aparência dos elementos e adicionar ou remover classes para aplicar estilos específicos. Vamos explorar como fazer isso de forma mais detalhada:

Manipulação de Estilos:

Para modificar os estilos de um elemento HTML, você pode usar a propriedade style do elemento. Essa propriedade permite acessar e modificar diretamente os estilos CSS do elemento.

```html
<!DOCTYPE html>
<html>
<head>
  <title>Exemplo</title>
  <style>
   .destacado {
     font-weight: bold;
     color: blue;

   }
  </style>
</head>
<body>
  <p id="paragrafo">Este é um exemplo de manipulação de estilos e classes.</p>
</body>
</html>
```

javascript

Copiar código

```javascript
// Modificando estilos diretamente
let paragrafoElemento = document.getElementById("paragrafo");
paragrafoElemento.style.color = "red";
paragrafoElemento.style.fontSize = "20px";
```

Adicionando e Removendo Classes:

Para adicionar ou remover classes de um elemento HTML, você pode usar as propriedades classList.add e classList.remove, respectivamente.

```html
<!DOCTYPE html>
<html>
<head>
 <title>Exemplo</title>
 <style>
  .destacado {
   font-weight: bold;
   color: blue;
  }
 </style>
</head>
<body>
 <p id="paragrafo">Este é um exemplo de manipulação de estilos e classes.</p>
</body>
</html>
```

javascript

Copiar código

```javascript
// Adicionando uma classe

let paragrafoElemento = document.getElementById("paragrafo");

paragrafoElemento.classList.add("destacado");


// Removendo uma classe

paragrafoElemento.classList.remove("destacado");
```

Alternando Classes:

Você também pode alternar a presença de uma classe usando a propriedade classList.toggle. Se a classe já estiver presente no elemento, ela será removida; caso contrário, ela será adicionada.

```html
<!DOCTYPE html>
<html>
<head>
 <title>Exemplo</title>
 <style>
  .destacado {
    font-weight: bold;
    color: blue;
   }
 </style>
</head>
<body>
 <p id="paragrafo">Este é um exemplo de manipulação de estilos e classes.</p>
</body>
</html>
```

```javascript
// Alternando a classe
let paragrafoElemento = document.getElementById("paragrafo");
paragrafoElemento.classList.toggle("destacado");
```

Essas são algumas das formas de manipular estilos e classes de elementos HTML usando JavaScript. Essas manipulações são frequentemente usadas para criar efeitos visuais, responder a interações do usuário e aplicar dinamicamente diferentes estilos a elementos em uma página. Lembre-se de que a manipulação do DOM em JavaScript permite criar páginas web interativas e dinâmicas, melhorando a experiência do usuário e tornando o conteúdo mais atraente e funcional.

Eventos e manipuladores são fundamentais para criar interatividade em páginas web com JavaScript. Eventos são ações que ocorrem na página, como cliques, pressionamentos de teclas, movimentos do mouse e muitos outros. Manipuladores (ou event handlers) são funções JavaScript que são executadas quando esses eventos acontecem, permitindo que você responda a essas ações do usuário. Vamos explorar como usar eventos e manipuladores para criar interatividade na página:

Adicionando Event Listeners:

Para capturar eventos em elementos HTML, você pode adicionar event listeners (ou ouvintes de eventos) a esses elementos. Os event listeners são responsáveis por "ouvir" quando um evento ocorre e executar a função de manipulador correspondente.

```html
<!DOCTYPE html>
<html>
<head>
  <title>Exemplo</title>
</head>
<body>
  <button id="botao">Clique aqui</button>
</body>
</html>
```

javascript

Copiar código

```javascript
// Adicionando um event listener para o clique do botão
let botaoElemento = document.getElementById("botao");
botaoElemento.addEventListener("click", function() {
  alert("Você clicou no botão!");
});
```

Eventos de Teclado:

Eventos de teclado podem ser usados para responder a pressionamentos de teclas pelo usuário. Por exemplo, você pode executar uma ação quando uma tecla específica é pressionada.

```html
<!DOCTYPE html>
<html>
<head>
  <title>Exemplo</title>
</head>
<body>
```

```html
    <input type="text" id="entrada" placeholder="Digite algo">
</body>
</html>
```

```javascript
// Adicionando um event listener para o pressionamento de tecla no input
let entradaElemento = document.getElementById("entrada");
entradaElemento.addEventListener("keypress", function(event) {
  if (event.key === "Enter") {
    alert("Você pressionou Enter!");
  }
});
```

Removendo Event Listeners:

É possível remover um event listener de um elemento quando ele não é mais necessário, usando o método removeEventListener. Isso pode ser útil para liberar recursos ou evitar que a função do manipulador seja chamada várias vezes inadvertidamente.

```javascript
function clicarBotao() {
  alert("Você clicou no botão!");
}
```

```javascript
// Adicionando o event listener
let botaoElemento = document.getElementById("botao");
botaoElemento.addEventListener("click", clicarBotao);
```

```javascript
// Removendo o event listener após o primeiro clique
botaoElemento.removeEventListener("click", clicarBotao);
```

Esses são apenas alguns exemplos de como usar eventos e manipuladores em JavaScript. Com eventos, você pode criar interatividade em sua página, tornando-a mais dinâmica e responsiva às ações do usuário. O JavaScript fornece uma ampla variedade de eventos para usar, e você pode combinar eventos com manipuladores personalizados para criar experiências de usuário ricas e envolventes.

Requisições Assíncronas com AJAX

Requisições Assíncronas com AJAX (Asynchronous JavaScript and XML) são uma forma de fazer solicitações a servidores web sem recarregar a página inteira. Isso permite que os aplicativos web sejam mais responsivos e dinâmicos, pois podem enviar e receber dados do servidor em segundo plano, sem interromper a experiência do usuário. Embora o nome inclua "XML", o AJAX é comumente usado para enviar e receber dados em outros formatos, como JSON.

Vamos ver como fazer uma requisição assíncrona usando AJAX em JavaScript:

Criando uma Requisição AJAX:

Primeiro, você precisa criar um objeto XMLHttpRequest (XHR) para fazer a requisição ao servidor.

```javascript
let xhr = new XMLHttpRequest();
```

Definindo o Método e o URL:

Em seguida, defina o método HTTP e o URL para a requisição. Geralmente, você usa os métodos HTTP GET, POST, PUT, DELETE para obter, enviar, atualizar ou excluir dados do servidor.

```javascript
let method = "GET"; // ou "POST", "PUT", "DELETE"
let url = "https://api.exemplo.com/dados";
xhr.open(method, url);
```

Definindo o Comportamento Assíncrono:

Para tornar a requisição assíncrona, defina o terceiro parâmetro do método open como true.

```javascript
xhr.open(method, url, true);
```

Tratando a Resposta:

Defina uma função para manipular a resposta do servidor quando ela estiver pronta. Isso é feito usando o evento onreadystatechange do objeto XMLHttpRequest.

```javascript
xhr.onreadystatechange = function() {
  if (xhr.readyState === XMLHttpRequest.DONE) {
    if (xhr.status === 200) {
      // Requisição bem-sucedida, manipule os dados aqui
      let responseData = JSON.parse(xhr.responseText);
      console.log(responseData);
    } else {
```

```
  // Trate possíveis erros
  console.error("Erro na requisição: " + xhr.status);
  }
 }
};
```

Enviando a Requisição:

Finalmente, envie a requisição para o servidor usando o método send.

xhr.send();

Isso é um exemplo básico de como fazer uma requisição AJAX usando JavaScript. O servidor processará a solicitação e retornará uma resposta, que será tratada pela função definida no onreadystatechange.

Note que o AJAX também é frequentemente utilizado com bibliotecas modernas como o fetch, que simplifica ainda mais o processo de fazer requisições assíncronas. Além disso, com a popularização de frameworks como React, Angular e Vue.js, as requisições assíncronas muitas vezes são realizadas por meio das próprias funcionalidades desses frameworks. De qualquer forma, compreender o conceito básico do AJAX é fundamental para o desenvolvimento web moderno e a criação de aplicativos mais dinâmicos e interativos.

Introdução ao AJAX

AJAX (Asynchronous JavaScript and XML) é uma abordagem que permite fazer requisições assíncronas a um servidor web sem precisar recarregar toda a página. Com o AJAX, é possível enviar e receber dados do servidor em segundo plano, o que torna as aplicações web mais interativas e responsivas, proporcionando uma experiência do usuário mais fluida.

Aqui estão alguns conceitos fundamentais relacionados ao AJAX:

Asynchronous (Assíncrono):

A principal característica do AJAX é que ele funciona de forma assíncrona, ou seja, as requisições são feitas em segundo plano, enquanto a página continua sendo exibida e interativa para o usuário. Isso permite que o usuário continue interagindo com a página sem interrupções, mesmo enquanto ocorrem as requisições ao servidor.

JavaScript:

O AJAX usa JavaScript para criar e enviar requisições ao servidor, bem como para manipular as respostas recebidas. É com o uso do JavaScript que as requisições assíncronas são configuradas e tratadas.

XMLHttpRequest:

O objeto XMLHttpRequest (XHR) é uma API do JavaScript que permite fazer requisições HTTP assíncronas. Ele é amplamente usado para criar e enviar requisições AJAX. Com o XHR, é possível enviar dados para o servidor e receber respostas em vários formatos, como XML, JSON, HTML ou texto simples.

Atualização Dinâmica de Conteúdo:

Com o AJAX, é possível atualizar partes específicas de uma página sem precisar recarregar toda a página. Por exemplo, em um site de mídia social, você pode enviar um novo post ou comentário sem que a página inteira precise ser recarregada.

Requisições e Respostas:

As requisições AJAX são feitas através de métodos HTTP, como GET, POST, PUT e DELETE. O servidor processa essas requisições e envia uma resposta que pode conter dados ou mensagens de erro. O JavaScript, através do XHR ou outras APIs modernas como fetch, lida com a resposta do servidor e atualiza o conteúdo da página conforme necessário.

O AJAX revolucionou o desenvolvimento web, permitindo que as aplicações sejam mais rápidas, interativas e eficientes. Com ele, é possível criar interfaces mais dinâmicas, realizar validações em tempo real, carregar dados sob demanda e melhorar a experiência do usuário em geral. Hoje em dia, a maioria dos sites e aplicativos web modernos utiliza o AJAX ou tecnologias similares para fornecer uma experiência mais rica e agradável aos usuários.

User

XMLHttpRequest e Fetch API

ChatGPT

Ambas a XMLHttpRequest e a Fetch API são APIs do JavaScript que permitem fazer requisições HTTP assíncronas para servidores web e são amplamente usadas para implementar o AJAX. Elas servem para enviar e receber dados em aplicações web, mas apresentam diferenças significativas em termos de funcionalidades e sintaxe. Vamos explorar as principais características de cada uma:

XMLHttpRequest:

A XMLHttpRequest é uma API mais antiga, introduzida inicialmente no Internet Explorer 5 em 1999. Ela tem sido usada amplamente por muitos anos e ainda é suportada em navegadores modernos por razões de compatibilidade.

Exemplo de requisição AJAX usando XMLHttpRequest:

```
let xhr = new XMLHttpRequest();
xhr.open("GET", "https://api.exemplo.com/dados");
xhr.onreadystatechange = function() {
  if (xhr.readyState === XMLHttpRequest.DONE) {
    if (xhr.status === 200) {
      let responseData = JSON.parse(xhr.responseText);
      console.log(responseData);
    } else {
      console.error("Erro na requisição: " + xhr.status);
    }
  }
};
xhr.send();
```

Fetch API:

A Fetch API é uma API mais moderna e mais fácil de usar, introduzida como uma evolução da XMLHttpRequest. Ela é baseada em promessas (promises) e é mais concisa e amigável ao desenvolvedor. A Fetch API também oferece suporte nativo para o tratamento de diferentes tipos de dados, como JSON, texto e Blob.

Exemplo de requisição usando Fetch API:

```
fetch("https://api.exemplo.com/dados")
  .then(response => {
    if (!response.ok) {
      throw new Error("Erro na requisição: " + response.status);
    }
    return response.json();
  })
  .then(data => console.log(data))
```

```
.catch(error => console.error(error.message));
```

Comparação entre XMLHttpRequest e Fetch API:

XMLHttpRequest requer mais código para configurar e fazer uma requisição, enquanto a Fetch API é mais concisa e baseada em promessas, tornando o código mais limpo e fácil de ler.

A Fetch API oferece suporte nativo ao tratamento de diferentes tipos de dados e não requer a conversão explícita para JSON, como frequentemente necessário no XMLHttpRequest.

A Fetch API lida melhor com erros de rede, rejeitando automaticamente a promessa quando uma requisição falha com um erro de rede (por exemplo, um status 404 ou 500), enquanto o XMLHttpRequest requer mais tratamento manual de erros.

A Fetch API é mais recente e, portanto, pode não ser totalmente compatível com navegadores mais antigos, embora seja amplamente suportada em navegadores modernos.

Em resumo, ambas as APIs são usadas para fazer requisições assíncronas em aplicações web, mas a Fetch API é considerada mais moderna e mais amigável ao desenvolvedor, enquanto a XMLHttpRequest ainda é usada em alguns casos devido à compatibilidade com navegadores mais antigos. Atualmente, muitos desenvolvedores preferem a Fetch API pela sua simplicidade e melhor tratamento de promessas.

Trabalhando com APIs externas

Trabalhar com APIs externas é uma parte importante do desenvolvimento web moderno. APIs externas fornecem dados e funcionalidades adicionais para a sua aplicação, permitindo que você aprimore o conteúdo, obtenha informações atualizadas em tempo real e integre serviços de terceiros ao seu projeto. Vamos explorar os passos básicos para trabalhar com APIs externas em uma aplicação web:

Escolhendo a API:

O primeiro passo é escolher a API externa que você deseja usar. Existem muitas APIs disponíveis na web que fornecem uma variedade de dados e serviços, desde previsão do tempo, informações sobre filmes, dados financeiros até serviços de autenticação e muito mais.

Obtendo uma chave de API (API Key):

Muitas APIs requerem uma chave de autenticação para permitir que você faça requisições. Essa chave é geralmente fornecida quando você se registra para usar a API. É importante manter essa chave em segurança, pois ela é essencial para fazer as requisições.

Fazendo Requisições à API:

Após escolher uma API e obter a chave de API, você pode usar JavaScript (com XMLHttpRequest ou Fetch API) ou outras bibliotecas/clientes HTTP para fazer requisições à API. Você precisará usar a URL base da API e adicionar parâmetros específicos para personalizar a requisição.

Tratando as Respostas:

Depois de fazer uma requisição à API, você receberá uma resposta em formato JSON ou XML. Geralmente, você usará JavaScript para tratar essa resposta e extrair os dados necessários para a sua aplicação.

Exibindo os Dados na Página:

Com os dados obtidos da API, você pode atualizar a interface do usuário da sua aplicação para exibir as informações relevantes. Isso pode incluir renderizar listas, gráficos, mapas ou qualquer outro elemento que seja apropriado para os dados fornecidos pela API.

Aqui está um exemplo simples usando a Fetch API para obter dados de uma API de previsão do tempo:

```javascript
const apiKey = "SUA_API_KEY";

const city = "New York";

const url =
`https://api.openweathermap.org/data/2.5/weather?q=${city}&appid=${apiKey}`;


fetch(url)
  .then(response => response.json())
  .then(data => {
    const weatherDescription = data.weather[0].description;
    const temperature = data.main.temp;
```

```
    console.log(`Em ${city}, está ${weatherDescription} com temperatura
de ${temperature}°C.`);

  })

  .catch(error => console.error("Erro na requisição: " + error.message));
```

Lembre-se de que algumas APIs têm limites de acesso (limite de requisições por período) ou podem requerer autenticação adicional. Sempre leia a documentação da API para entender como ela funciona e quais são as suas regras de uso.

Trabalhar com APIs externas é uma habilidade valiosa para desenvolvedores web, pois permite que você acesse uma grande quantidade de dados e serviços para enriquecer a sua aplicação e melhorar a experiência do usuário.

Gerenciamento de Erros e Debugging

Gerenciamento de erros e debugging são habilidades cruciais para desenvolvedores, pois permitem identificar e corrigir problemas em código e garantir que a aplicação funcione corretamente. Vamos explorar esses conceitos em detalhes:

Gerenciamento de Erros:

Gerenciar erros é importante para lidar com situações inesperadas ou problemas que podem ocorrer durante a execução do código. Erros podem ser de vários tipos, como erros de sintaxe, erros de lógica, exceções lançadas pelo código ou erros de requisições para APIs externas.

Para lidar com erros, você pode usar declarações try...catch para capturar exceções e executar ações específicas quando um erro ocorre. Isso evita que a aplicação quebre e permite que você tome ações apropriadas, como exibir uma mensagem de erro amigável ao usuário ou fazer um registro de erros para investigação posterior.

Exemplo de gerenciamento de erro com try...catch:

```
try {
  // Código que pode gerar um erro
  const resultado = 10 / 0; // Tentativa de divisão por zero
  console.log(resultado);
} catch (erro) {
  // Captura o erro e exibe uma mensagem personalizada
```

```
    console.error("Ocorreu um erro: " + erro.message);

}
```

Debugging:

Debugging é o processo de identificar e corrigir erros no código. Isso envolve usar ferramentas e técnicas para inspecionar o código e entender como ele está sendo executado. Algumas das técnicas de debugging incluem:

Console.log: Inserir declarações console.log em diferentes partes do código para exibir valores e mensagens no console do navegador, ajudando a rastrear o fluxo de execução e verificar o valor das variáveis em diferentes pontos.

Debugger: Usar a declaração debugger para definir pontos de interrupção no código. Isso pausará a execução do código e abrirá a ferramenta de debugging do navegador, permitindo que você inspecione o estado do código e as variáveis no momento da interrupção.

DevTools: As ferramentas de desenvolvedor do navegador, como o Chrome DevTools, fornecem recursos poderosos para debugging, como inspeção de elementos, visualização de rede, perfilamento de desempenho e muito mais.

Validação e Testes: Utilizar testes automatizados e técnicas de validação para garantir que o código funcione corretamente em diferentes cenários e situações.

Tratamento de Erros em Requisições Assíncronas:

Ao trabalhar com requisições assíncronas, como AJAX ou Fetch API, é importante também lidar com erros de forma adequada. Para isso, você pode usar o método catch nas promessas para capturar e tratar erros de requisições.

Exemplo de tratamento de erro em uma requisição Fetch:

```
fetch('https://api.example.com/dados')
  .then(response => {
    if (!response.ok) {
      throw new Error('Erro na requisição: ' + response.status);
    }
    return response.json();
```

```
})
    .then(data => console.log(data))
    .catch(error => console.error(error.message));
```

Gerenciar erros e fazer debugging são habilidades essenciais para um desenvolvedor. Eles permitem identificar e corrigir problemas, garantindo que a aplicação funcione corretamente e ofereça uma experiência confiável para os usuários. Com prática e familiaridade com as ferramentas de desenvolvimento do navegador, você se tornará mais eficiente em encontrar e resolver problemas em seu código.

Tipos de erros em JavaScript

Em JavaScript, existem vários tipos de erros que podem ocorrer durante a execução do código. Esses erros são categorizados em diferentes tipos com base na natureza do problema. Conhecer os tipos de erros ajuda a identificar e corrigir problemas no código com mais eficiência. Abaixo estão alguns dos principais tipos de erros em JavaScript:

Erro de Sintaxe (SyntaxError):

Esse tipo de erro ocorre quando há um erro na estrutura do código, como erros de digitação, falta de parênteses, chaves ou colchetes fechando incorretamente, ou a utilização de palavras reservadas de forma inadequada.

Exemplo de Erro de Sintaxe:

```
// Erro de sintaxe - falta uma aspas no final da string
let mensagem = "Olá, mundo!;
```

Erro de Referência (ReferenceError):

Esse erro ocorre quando você tenta acessar uma variável ou função que não foi declarada ou não existe no escopo atual.

Exemplo de Erro de Referência:

```
// Erro de referência - a variável "nome" não foi declarada
console.log(nome);
```

Erro de Tipo (TypeError):

Esse erro ocorre quando uma operação não pode ser realizada devido a um tipo de dado inválido. Por exemplo, tentar chamar um método em uma variável que não é um objeto, ou realizar operações matemáticas com strings.

Exemplo de Erro de Tipo:

// Erro de tipo - o método "toUpperCase" não pode ser chamado em uma string

let numero = 42;

console.log(numero.toUpperCase());

Erro de Valor Inválido (RangeError):

Esse erro ocorre quando um valor está fora do intervalo esperado. Por exemplo, quando você tenta criar um Array com um tamanho negativo.

Exemplo de Erro de Valor Inválido:

// Erro de valor inválido - não é possível criar um Array com tamanho negativo

let array = new Array(-1);

Erro de Função Não Encontrada (Function Not Found Error):

Esse erro ocorre quando você tenta chamar uma função que não existe.

Exemplo de Erro de Função Não Encontrada:

// Erro de função não encontrada - a função "somar" não foi declarada

somar(2, 3);

Erro de Tempo de Execução (Runtime Error):

Esse tipo de erro ocorre durante a execução do código e pode ser causado por diversos fatores, como manipulação de arquivos, acesso a recursos externos, entre outros.

Erro de Acesso à Rede (Network Error):

Esse erro ocorre quando uma requisição de rede falha, por exemplo, uma requisição AJAX que não pode ser concluída.

É importante estar ciente desses diferentes tipos de erros para poder identificá-los e corrigi-los com mais facilidade. As ferramentas de desenvolvimento do navegador, como o console do navegador e as mensagens de erro, são úteis para diagnosticar e depurar problemas no código. Além disso, o uso adequado de tratamento de erros, como o bloco try...catch, pode ajudar a evitar que erros interrompam a execução do código e permitir um controle mais adequado sobre o fluxo da aplicação.

Tratamento de exceções (try-catch)

O tratamento de exceções usando a declaração try...catch é uma forma de lidar com erros que podem ocorrer durante a execução do código em JavaScript. O bloco try permite que você coloque um trecho de código que pode gerar exceções, e o bloco catch permite que você especifique o que fazer caso uma exceção seja lançada dentro do bloco try. Isso evita que a execução do código seja interrompida abruptamente e permite que você tome ações apropriadas para lidar com a situação de erro.

A estrutura básica do try...catch é a seguinte:

```
try {
    // Bloco de código que pode gerar uma exceção
} catch (erro) {
    // Bloco de código para tratar a exceção
}
```

Aqui estão os passos que ocorrem quando o código é executado dentro do bloco try:

O código dentro do bloco try é executado normalmente.

Se ocorrer uma exceção dentro do bloco try, a execução do código dentro do bloco try é interrompida e o fluxo de execução passa diretamente para o bloco catch.

O objeto de erro é capturado e armazenado na variável especificada no parâmetro erro dentro do bloco catch.

O código dentro do bloco catch é executado, permitindo que você trate a exceção de acordo com suas necessidades.

Exemplo de tratamento de exceção com try...catch:

```
try {
    const resultado = 10 / 0; // Tentativa de divisão por zero
    console.log(resultado);
} catch (erro) {
    console.error("Ocorreu um erro: " + erro.message);
}
```

Neste exemplo, a tentativa de dividir 10 por 0 gera uma exceção devido a uma divisão por zero. O código dentro do bloco catch é executado, exibindo uma mensagem de erro no console, e a execução do código continua normalmente após o bloco catch.

O try...catch é uma forma útil de lidar com exceções em situações em que você espera que um erro possa ocorrer e deseja ter um controle mais preciso sobre como lidar com esse erro. Ele ajuda a evitar que erros quebrassem a execução do código e permite que você tome ações específicas para lidar com exceções e garantir a estabilidade e robustez da aplicação. É importante usar o try...catch com sabedoria e apenas em casos em que é realmente necessário tratar uma exceção, em vez de usar como uma forma de ocultar erros que devem ser corrigidos adequadamente.

Utilizando ferramentas de debug

Utilizar ferramentas de debug é fundamental para identificar e corrigir problemas em aplicações JavaScript. As principais ferramentas de debug disponíveis são as ferramentas de desenvolvedor do navegador, como o Chrome DevTools, Firefox Developer Tools e Microsoft Edge Developer Tools. Essas ferramentas oferecem uma ampla gama de recursos que permitem inspecionar e depurar o código em tempo real. Vamos explorar algumas das principais funcionalidades que você pode usar para debugar sua aplicação:

Console:

A janela do console é uma ferramenta essencial para o debug. Com ela, você pode exibir mensagens, valores de variáveis, erros e muito mais. Use o comando console.log() para imprimir informações no console e entender como o código está sendo executado.

console.log("Mensagem de debug");

console.log(variavel);

Breakpoints:

Colocar breakpoints (pontos de interrupção) no código é uma maneira eficiente de pausar a execução em um ponto específico para examinar o estado das variáveis e o fluxo do programa. Para definir um breakpoint, clique na linha correspondente no código-fonte nas ferramentas de desenvolvedor.

Step Over, Step Into e Step Out:

Essas opções permitem avançar passo a passo no código durante a depuração.

Step Over (F10): Executa a próxima linha de código.

Step Into (F11): Entra em uma função se houver uma na próxima linha.

Step Out (Shift + F11): Sai de uma função atualmente sendo depurada.

Watch e Expressions:

Use as abas Watch (Observar) e Expressions (Expressões) para monitorar o valor das variáveis em tempo real. Você pode adicionar variáveis ou expressões para visualizá-las enquanto a execução está pausada em um breakpoint.

Network (Rede):

A aba Network exibe informações detalhadas sobre as requisições HTTP feitas pela aplicação. É útil para depurar problemas relacionados a chamadas de API e carregamento de recursos.

Sources (Fontes):

A aba Sources permite inspecionar, modificar e depurar os arquivos de código-fonte da aplicação. Aqui, você pode visualizar o código-fonte, definir breakpoints e fazer alterações temporárias para testar correções.

Performance (Desempenho):

A aba Performance ajuda a identificar gargalos de desempenho na aplicação. Você pode gravar ações do usuário e analisar o desempenho em busca de otimizações.

Application (Aplicação):

A aba Application mostra informações sobre o armazenamento local, sessões, cookies e outros detalhes relevantes da aplicação.

Essas são apenas algumas das funcionalidades disponíveis nas ferramentas de desenvolvedor do navegador. Cada navegador pode ter recursos específicos adicionais ou uma interface levemente diferente, mas os conceitos gerais são os mesmos. Ao dominar essas ferramentas de debug, você estará bem equipado para identificar e corrigir problemas em suas aplicações JavaScript, melhorando a eficiência e a qualidade do seu código.

Recursos Avançados

Recursos avançados em JavaScript abrangem uma série de tópicos e conceitos que vão além do básico e permitem que os desenvolvedores criem aplicações mais sofisticadas e eficientes. Abaixo estão alguns dos principais recursos avançados em JavaScript:

Promises e Async/Await:

Promises e Async/Await são mecanismos para trabalhar com código assíncrono de forma mais limpa e organizada. Promises são usadas para tratar operações assíncronas e fornecem uma sintaxe mais elegante para trabalhar com callbacks. O

Async/Await é uma sintaxe mais recente e baseada em promessas que torna o código assíncrono mais legível, permitindo escrever código que parece síncrono, mas funciona de forma assíncrona.

Generators:

Generators são funções especiais que podem ser pausadas e retomadas, permitindo a criação de iterações personalizadas. Eles são frequentemente usados para criar iteradores personalizados que podem gerar uma sequência de valores.

Módulos e ES6 Import/Export:

O ES6 introduziu a capacidade de dividir o código JavaScript em módulos, permitindo que você importe e exporte funcionalidades entre diferentes arquivos. Essa abordagem modular melhora a organização e reutilização do código.

Arrow Functions:

As arrow functions são uma sintaxe mais concisa para definir funções em JavaScript. Elas são frequentemente usadas para funções de uma única linha ou como funções de callback.

Map, Set e WeakMap, WeakSet:

As estruturas de dados Map e Set fornecem alternativas eficientes para objetos e arrays em determinadas situações. Além disso, os WeakMap e WeakSet são variações que permitem que os objetos neles contidos sejam coletados pelo coletor de lixo caso não sejam mais referenciados.

Iteradores e Iteráveis:

Iteradores e iteráveis são recursos que permitem percorrer coleções de dados, como arrays ou strings, de forma mais flexível e controlada.

Proxy:

O Proxy é um objeto que permite personalizar o comportamento de outro objeto. Ele pode ser usado para interceptar e personalizar operações como leitura, escrita e exclusão de propriedades em objetos.

WebSockets:

WebSockets são uma tecnologia de comunicação bidirecional que permite a criação de conexões persistentes entre o cliente e o servidor, permitindo uma comunicação em tempo real e eficiente.

Web Workers:

Web Workers permitem a execução de scripts em threads separados do thread principal do navegador. Isso ajuda a evitar bloqueios no thread principal, permitindo que a interface do usuário permaneça responsiva mesmo durante tarefas pesadas.

Esses são apenas alguns exemplos de recursos avançados em JavaScript. A linguagem é rica em recursos e evolui constantemente com novas funcionalidades e padrões de desenvolvimento. À medida que você se torna mais experiente em JavaScript, é importante explorar esses recursos avançados para melhorar a qualidade e a eficiência do seu código. Além disso, a familiaridade com esses recursos ajuda a acompanhar as tendências e práticas modernas de desenvolvimento web.

Promises e async/await

Promises e async/await são mecanismos em JavaScript para lidar com código assíncrono de forma mais limpa, legível e organizada. Eles são amplamente utilizados para trabalhar com operações assíncronas, como chamadas de API, leitura de arquivos ou qualquer tarefa que não seja executada imediatamente. Vamos entender cada um deles:

Promises:

Uma Promise é um objeto que representa o resultado eventual (ou falha) de uma operação assíncrona. Ela pode estar em um dos três estados: pendente (pending), resolvida (fulfilled) ou rejeitada (rejected). Quando uma operação assíncrona é concluída, a Promise é resolvida com um valor, ou caso ocorra algum erro, ela é rejeitada com uma razão (geralmente um objeto de erro).

A Promise oferece métodos para manipular o resultado da operação assíncrona, tais como then() para tratar o sucesso e catch() para lidar com falhas (rejeições). Também é possível encadear várias Promises usando then() e retornando uma nova Promise a partir do tratamento do resultado anterior, permitindo um fluxo mais claro e ordenado para o código assíncrono.

Exemplo de Promise:

```
function obterDados() {
  return new Promise((resolve, reject) => {
    // Simulando uma operação assíncrona
    setTimeout(() => {
```

```javascript
    const dados = { nome: "João", idade: 30 };
    // Simulação de sucesso
    // resolve(dados);


    // Simulação de falha
    reject(new Error("Erro ao obter dados."));
  }, 2000);
 });
}


obterDados()
  .then(dados => console.log(dados))
  .catch(erro => console.error(erro.message));
```

Async/Await:

O Async/Await é uma sintaxe mais moderna e amigável para trabalhar com Promises. Ele utiliza as palavras-chave async e await para criar um código assíncrono que se parece muito com código síncrono. A palavra-chave async é usada antes de uma função para indicar que ela retorna uma Promise, permitindo que você use o await dentro dela.

Com o await, você pode pausar a execução de uma função assíncrona até que uma Promise seja resolvida. Isso simplifica o tratamento do resultado da Promise e evita o encadeamento excessivo de then(), tornando o código mais legível.

Exemplo de Async/Await:

```javascript
function aguardar(ms) {
  return new Promise(resolve => setTimeout(resolve, ms));
}


async function fazerTarefa() {
  try {
    console.log("Iniciando tarefa...");
```

```
    await aguardar(2000);

    console.log("Tarefa concluída!");
  } catch (erro) {

    console.error("Erro na tarefa: " + erro.message);

  }

}
```

fazerTarefa();

Neste exemplo, a função fazerTarefa() é assíncrona e utiliza await para pausar a execução da função aguardar() por 2 segundos. O uso de try...catch também é recomendado para tratar qualquer erro que possa ocorrer dentro da função assíncrona.

As Promises e o Async/Await são poderosos recursos em JavaScript para lidar com código assíncrono e oferecem uma abordagem mais estruturada e fácil de entender em comparação com callbacks aninhados. Ao usá-los, você pode melhorar a legibilidade e a manutenção do seu código assíncrono, tornando-o mais eficiente e confiável.

Manipulação de cookies e armazenamento local

A manipulação de cookies e o armazenamento local são técnicas importantes para armazenar dados no navegador do usuário e manter informações relevantes entre sessões ou páginas. Ambos são amplamente utilizados em desenvolvimento web para armazenar informações temporárias ou persistentes. Vamos entender cada um deles:

Cookies:

Os cookies são pequenos arquivos de texto armazenados no navegador do usuário. Eles são usados para armazenar informações específicas do usuário, como preferências, dados de login, carrinho de compras, entre outros. Os cookies são enviados automaticamente pelo navegador para o servidor em cada requisição, permitindo que o servidor acesse informações relevantes sobre o usuário.

Em JavaScript, você pode criar, ler e excluir cookies usando o objeto document.cookie. Para criar um cookie, você precisa atribuir uma string ao document.cookie, contendo o nome do cookie, o valor e opções adicionais, como o prazo de validade e o caminho em que o cookie será válido.

Exemplo de criação e leitura de um cookie:

```javascript
// Criando um cookie que expira em 7 dias
document.cookie = "nome=João; expires=Thu, 01 Jan 2024 00:00:00 UTC
path=/";
```

```javascript
// Lendo o valor de um cookie
const nome = document.cookie.split("; ").find(row =>
row.startsWith("nome=")).split("=")[1];

console.log(nome); // Saída: "João"
```

Armazenamento Local (localStorage e sessionStorage):

O armazenamento local é uma forma mais moderna e poderosa de armazenar dados no navegador do usuário. Ele permite armazenar dados no formato chave-valor sem um prazo de validade, tornando-os persistentes entre as sessões do usuário. Existem duas formas de armazenamento local: localStorage e sessionStorage.

localStorage: Os dados armazenados com localStorage permanecem disponíveis mesmo depois que o navegador é fechado e reaberto. Eles são persistentes e ficam disponíveis até que o usuário os exclua manualmente ou o aplicativo os remova.

Exemplo de uso do localStorage:

```javascript
// Armazenando um valor no localStorage
localStorage.setItem("usuario", "joao");
```

```javascript
// Recuperando o valor do localStorage
const usuario = localStorage.getItem("usuario");
console.log(usuario); // Saída: "joao"
```

```javascript
// Removendo um item do localStorage
localStorage.removeItem("usuario");
```

```javascript
// Limpando todo o localStorage
localStorage.clear();
```

sessionStorage: Os dados armazenados com sessionStorage estão disponíveis apenas durante a sessão do navegador. Isso significa que eles serão removidos quando o navegador for fechado.

Exemplo de uso do sessionStorage:

```
// Armazenando um valor no sessionStorage
sessionStorage.setItem("preferencia", "azul");


// Recuperando o valor do sessionStorage
const preferencia = sessionStorage.getItem("preferencia");
console.log(preferencia); // Saída: "azul"


// Removendo um item do sessionStorage
sessionStorage.removeItem("preferencia");


// Limpando todo o sessionStorage
sessionStorage.clear();
```

Ambas as opções de armazenamento local são úteis em diferentes cenários, dependendo se você precisa armazenar dados temporários (sessionStorage) ou dados permanentes (localStorage) no navegador do usuário.

Em resumo, a manipulação de cookies e o armazenamento local são técnicas essenciais para armazenar dados no navegador do usuário. Cada um deles tem suas próprias vantagens e é importante escolher a opção adequada de acordo com os requisitos específicos do seu projeto.

WebSockets: comunicação em tempo real

WebSockets são uma tecnologia de comunicação bidirecional que permite estabelecer uma conexão persistente entre o cliente (navegador) e o servidor. Essa conexão permanente permite a troca de mensagens em tempo real entre o cliente e o servidor, tornando possível criar aplicações que respondem instantaneamente a eventos ou atualizações de dados.

As principais características e vantagens dos WebSockets são:

Comunicação Bidirecional:

Ao contrário das requisições HTTP tradicionais, onde o cliente faz uma solicitação e o servidor responde, os WebSockets permitem que os dados fluam em ambas as direções. Isso significa que tanto o cliente quanto o servidor podem enviar e receber mensagens a qualquer momento.

Conexão Persistente:

Uma vez estabelecida, a conexão WebSocket permanece aberta enquanto a página estiver aberta no navegador. Isso elimina a necessidade de criar uma nova conexão a cada interação com o servidor, reduzindo a sobrecarga de cabeçalhos e melhorando a eficiência.

Baixa Latência:

A comunicação em tempo real possibilitada pelos WebSockets oferece baixa latência, tornando-os ideais para aplicações que requerem respostas rápidas a eventos, como jogos online, aplicativos de chat ou notificações em tempo real.

Economia de Recursos:

Com o uso de WebSockets, o servidor pode enviar atualizações somente quando necessário, em vez de depender de solicitações periódicas do cliente. Isso resulta em economia de recursos do servidor e redução do tráfego de rede.

Compatibilidade:

Os WebSockets são suportados na maioria dos navegadores modernos, incluindo Chrome, Firefox, Safari, Edge e outros.

Para utilizar WebSockets em uma aplicação, você precisa criar uma conexão WebSocket no lado do cliente e configurar um servidor que suporte comunicação WebSocket. No lado do cliente, você pode usar a API WebSocket em JavaScript para estabelecer a conexão com o servidor.

Exemplo de uso de WebSockets no lado do cliente:

```
const socket = new WebSocket('ws://exemplo.com/servidor');


socket.onopen = () => {
  console.log('Conexão estabelecida.');
};
```

```
socket.onmessage = event => {
  const mensagem = event.data;
  console.log('Mensagem recebida: ' + mensagem);
};


socket.onclose = event => {
  console.log('Conexão encerrada: ', event.code, event.reason);
};
```

No lado do servidor, você precisa configurar um servidor WebSocket que trate as conexões e as mensagens recebidas. A implementação do servidor WebSocket pode variar de acordo com a tecnologia que você está usando (Node.js, Python, Java, etc.).

Os WebSockets são uma poderosa ferramenta para construir aplicações em tempo real e interativas. Eles permitem criar experiências de usuário mais dinâmicas e responsivas, proporcionando uma interação mais fluída entre o cliente e o servidor. No entanto, é importante lembrar que o uso de WebSockets requer cuidados adicionais em relação à segurança, especialmente quando se trata de proteger sua aplicação contra ataques como cross-site scripting (XSS) e cross-site request forgery (CSRF).

Frameworks e Bibliotecas

Frameworks e bibliotecas são ferramentas que ajudam os desenvolvedores a construir aplicações de forma mais eficiente e organizada. Eles fornecem um conjunto de funcionalidades, componentes ou utilitários que podem ser usados para resolver problemas comuns no desenvolvimento de software. Vamos entender a diferença entre frameworks e bibliotecas e conhecer alguns exemplos populares:

Frameworks:

Um framework é um conjunto estruturado de ferramentas, abstrações e padrões de projeto que fornecem uma base para o desenvolvimento de aplicações. Ele define a arquitetura geral da aplicação e dita como diferentes partes da aplicação devem interagir entre si. Ao usar um framework, os desenvolvedores geralmente precisam seguir uma estrutura pré-definida e preencher os detalhes específicos da aplicação.

Principais características dos frameworks:

Abordagem opinativa: os frameworks geralmente têm uma maneira específica de fazer as coisas e impõem uma estrutura consistente.

Fluxo de trabalho definido: eles guiam o desenvolvedor através de um fluxo de trabalho predefinido, definindo como a aplicação deve ser organizada.

Maior curva de aprendizado: devido à estrutura e abordagem predefinidas, pode haver uma curva de aprendizado mais íngreme.

Exemplos populares de frameworks front-end: Angular, React, Vue.js

Exemplos populares de frameworks back-end: Node.js (para servidor), Django (Python), Ruby on Rails (Ruby)

Bibliotecas:

Uma biblioteca é um conjunto de funções, classes e utilitários que os desenvolvedores podem usar para resolver tarefas específicas no desenvolvimento de aplicações. Diferente de um framework, uma biblioteca não dita a estrutura geral da aplicação, mas fornece funcionalidades específicas que podem ser incorporadas no código existente.

Principais características das bibliotecas:

Abordagem não-opinativa: as bibliotecas não impõem uma estrutura específica e permitem que o desenvolvedor escolha como usar suas funcionalidades.

Flexibilidade: você pode usar bibliotecas de forma mais granular, incorporando apenas os componentes necessários na sua aplicação.

Menor curva de aprendizado: as bibliotecas tendem a ter uma curva de aprendizado mais suave, pois você pode usá-las de acordo com suas necessidades.

Exemplos populares de bibliotecas: jQuery (manipulação do DOM), Lodash (utilitários), Axios (requisições HTTP), Express (roteamento em Node.js)

Em resumo, frameworks e bibliotecas são ferramentas importantes no desenvolvimento de software. Frameworks fornecem uma estrutura completa e estruturada para desenvolver aplicações, enquanto bibliotecas fornecem funcionalidades específicas que podem ser usadas de forma mais flexível. A escolha entre usar um framework ou uma biblioteca depende das necessidades do projeto e das preferências do desenvolvedor.

Visão geral dos principais frameworks (React, Angular, Vue)

Os principais frameworks front-end - React, Angular e Vue.js - são amplamente utilizados no desenvolvimento web moderno para construir interfaces de usuário interativas e reativas. Cada um possui suas próprias características, abordagens e comunidades de desenvolvedores. Abaixo, uma visão geral de cada um:

React:

O React, desenvolvido e mantido pelo Facebook, é uma biblioteca JavaScript focada em criar interfaces de usuário reativas e componentizadas. Ele permite que os desenvolvedores dividam a interface do usuário em componentes independentes, que são fáceis de reutilizar e manter. O React utiliza o conceito de Virtual DOM (árvore de elementos virtual) para atualizar apenas as partes da interface que foram alteradas, melhorando o desempenho e a experiência do usuário.

Principais características do React:

Componentização: desenvolvimento baseado em componentes, que facilita a reutilização e a organização do código.

Unidirecional: fluxo de dados unidirecional (do pai para o filho) através das props, o que torna o código mais previsível e fácil de depurar.

Ecossistema robusto: o React possui uma comunidade ativa e uma ampla variedade de bibliotecas e ferramentas de suporte.

Angular:

O Angular, desenvolvido e mantido pelo Google, é um framework front-end completo que oferece uma abordagem mais opinativa para o desenvolvimento de aplicações. Ele vem com várias funcionalidades integradas, como injeção de dependência, roteamento, validação de formulários, gerenciamento de estado e muito mais. O Angular usa TypeScript como sua linguagem principal, o que adiciona tipagem estática ao JavaScript e oferece uma maior capacidade de desenvolvimento.

Principais características do Angular:

Opinião forte: o Angular impõe uma estrutura organizacional definida, tornando-o uma escolha sólida para projetos maiores e complexos.

Two-way data binding: recurso que permite que as alterações no modelo sejam refletidas automaticamente na visão e vice-versa.

CLI poderoso: o Angular CLI (Command Line Interface) é uma ferramenta poderosa que facilita a criação, configuração e compilação de projetos Angular.

Vue.js:

O Vue.js é um framework front-end progressivo e acessível que se assemelha ao React e ao Angular em muitos aspectos. Ele oferece uma curva de aprendizado mais suave e é projetado para ser fácil de integrar em projetos existentes. O Vue.js também se destaca por sua simplicidade e desempenho, utilizando a abordagem de Virtual DOM para renderizar atualizações de forma eficiente.

Principais características do Vue.js:

Progressivo: você pode começar com pequenas partes de Vue.js em um projeto existente e, gradualmente, ampliar o uso.

Flexibilidade: permite que os desenvolvedores escolham entre abordagens mais opinativas ou mais não-opinativas, dependendo das necessidades do projeto.

Ecossistema amigável: o Vue.js possui uma comunidade acolhedora e uma documentação detalhada.

A escolha entre React, Angular e Vue.js dependerá das necessidades do projeto, das preferências da equipe de desenvolvimento e do conhecimento da tecnologia. Cada um tem seus próprios pontos fortes e fracos, e todos são capazes de construir aplicações modernas e escaláveis.

Utilizando bibliotecas úteis

Existem diversas bibliotecas úteis em JavaScript que podem ser incorporadas aos projetos para facilitar o desenvolvimento e adicionar funcionalidades específicas. Abaixo, vou apresentar algumas bibliotecas populares que podem ser utilizadas em diferentes contextos:

Lodash:

O Lodash é uma biblioteca de utilitários que fornece funções para manipulação e operação de arrays, objetos, strings e muito mais. Ele é amplamente utilizado para simplificar tarefas comuns e melhorar a legibilidade do código.

Axios:

O Axios é uma biblioteca para fazer requisições HTTP a APIs, oferecendo uma API simples e poderosa para realizar operações assíncronas de forma mais eficiente. Ele suporta Promises e é amplamente adotado na comunidade JavaScript.

Moment.js (ou date-fns):

Essas bibliotecas são utilizadas para lidar com datas e horários em JavaScript. Elas oferecem uma variedade de funções para manipulação, formatação e cálculos com datas.

React Router:

Se você estiver trabalhando com o React, o React Router é uma biblioteca essencial para gerenciar a navegação na aplicação. Ele permite criar rotas e vinculá-las a componentes específicos, tornando a navegação na aplicação mais fácil de ser implementada.

Redux (ou Vuex para Vue.js):

Essas bibliotecas são utilizadas para gerenciar o estado global de uma aplicação. Elas permitem centralizar o estado da aplicação e facilitar o compartilhamento de dados entre componentes.

D3.js:

O D3.js é uma biblioteca de visualização de dados que permite criar gráficos e visualizações interativas de forma flexível e personalizada.

Jest (ou Mocha e Chai):

Essas bibliotecas são usadas para realizar testes unitários e de integração em aplicações JavaScript. O Jest é amplamente utilizado para testar aplicações React, enquanto o Mocha e o Chai são populares para testes em geral.

Chart.js:

Essa biblioteca é focada em criação de gráficos e é bem simples de ser utilizada. Ela fornece uma variedade de tipos de gráficos, como barras, linhas, pizzas, entre outros.

Essas são apenas algumas das muitas bibliotecas úteis disponíveis em JavaScript. A escolha das bibliotecas dependerá das necessidades específicas do projeto e das funcionalidades que você deseja adicionar à aplicação. É importante pesquisar e verificar a documentação das bibliotecas antes de utilizá-las para garantir que elas atendam aos requisitos do seu projeto.

faça um breve resumo para mim sobre as vantagens desse e-book desvendando javascript do zero a maestria

Como mencionado anteriormente, não tenho acesso direto ao conteúdo específico de livros ou materiais específicos, incluindo o e-book "Desvendando JavaScript do Zero à Maestria", pois meu conhecimento foi encerrado em setembro de 2021 e não tenho informações específicas sobre obras específicas lançadas após essa data.

No entanto, em geral, e-books ou cursos que prometem levar do básico ao domínio completo do JavaScript geralmente oferecem vantagens, como:

Progressão Estruturada: Geralmente, esses materiais seguem uma progressão lógica, começando com conceitos fundamentais e progredindo para tópicos mais avançados. Isso ajuda os leitores a construir uma base sólida.

Ampla Cobertura: E-books extensos costumam abranger uma ampla gama de tópicos, desde o básico, como sintaxe e tipos de dados, até conceitos avançados, como programação assíncrona, manipulação de eventos e padrões de design.

Projetos Práticos: Materiais que incluem projetos práticos ajudam a aplicar os conhecimentos teóricos na prática. Isso é essencial para consolidar o aprendizado.

Atualização de Tendências: Se o e-book é recente, pode abordar as últimas tendências e práticas recomendadas no mundo do JavaScript, garantindo que os leitores estejam atualizados.

Acessibilidade e Clareza: Um bom e-book normalmente é escrito de maneira clara e acessível, tornando o aprendizado mais fácil para iniciantes.

Suporte Online: Alguns materiais oferecem suporte online, seja por meio de fóruns, grupos de discussão ou recursos adicionais na web. Isso pode ser valioso para tirar dúvidas e interagir com outros aprendizes.

Experiência do Autor: Se o autor tem uma boa reputação na comunidade de desenvolvimento, isso pode ser um indicativo da qualidade do material.

Lembre-se de que a eficácia do e-book depende muito do estilo de aprendizado individual. Alguns aprendem melhor através de leitura, enquanto outros podem preferir abordagens mais práticas, como tutoriais em vídeo ou aulas interativas. Portanto, é sempre uma boa ideia explorar diferentes recursos para encontrar o que melhor se adapta ao seu estilo de aprendizado.

me faça um resumo sobre as vantagens de tudo o que foi escrito aqui sobre javascript

Certamente! Aqui está um resumo das vantagens discutidas sobre JavaScript:

Versatilidade e Ubiquidade: JavaScript é uma linguagem de programação amplamente usada que funciona em todos os navegadores, tornando-se essencial para o desenvolvimento web.

Facilidade de Aprendizado: JavaScript é conhecido por ser uma linguagem amigável para iniciantes, com uma sintaxe clara e simples, facilitando a entrada no desenvolvimento web.

Lado do Cliente e Assincronia: JavaScript é executado no navegador do cliente, permitindo interações dinâmicas e rápidas sem a necessidade de recarregar a página inteira. Suporta programação assíncrona, crucial para operações não bloqueantes.

Ecossistema de Bibliotecas e Frameworks: Há uma variedade de bibliotecas e frameworks poderosos, como React, Angular e Vue.js, que simplificam o desenvolvimento de interfaces de usuário reativas e escaláveis.

Node.js para Desenvolvimento no Lado do Servidor: Node.js permite que JavaScript seja usado no lado do servidor, proporcionando uma experiência de desenvolvimento unificada e eficiente.

Comunidade Ativa e Suporte: JavaScript tem uma comunidade global ativa que contribui para uma vasta quantidade de recursos, tutoriais e suporte online.

Atualizações Frequentes e Evolução Contínua: A linguagem continua a evoluir, com atualizações frequentes, incorporando novos recursos e melhorias de desempenho.

Programação Funcional e Orientada a Objetos: JavaScript suporta paradigmas de programação funcional e orientada a objetos, permitindo que desenvolvedores escolham a abordagem mais adequada para seus projetos.

Ferramentas de Desenvolvimento Poderosas: Existem muitas ferramentas de desenvolvimento, como Webpack, Babel e ESLint, que facilitam o processo de construção, empacotamento e manutenção de código JavaScript.

Integração com APIs e Requisições Assíncronas: JavaScript facilita a integração com APIs, sendo crucial para aplicativos modernos que dependem fortemente de comunicação com servidores.

Suporte a Mobile com React Native e Frameworks de Jogos: Além do desenvolvimento web, JavaScript é usado em soluções como React Native para desenvolvimento mobile e frameworks como Phaser para jogos.

Diversidade de Aplicações: JavaScript é usado para criar uma ampla variedade de aplicações, desde simples páginas web até aplicativos complexos de uma única página (SPA), aplicativos móveis e jogos.

Essas vantagens destacam a posição proeminente de JavaScript no desenvolvimento de software, tornando-o uma escolha poderosa e versátil para uma variedade de aplicações.

www.ingramcontent.com/pod-product-compliance
Lightning Source LLC
LaVergne TN
LVHW051605050326
832903LV00033B/4375